分析师预测行为
对权益资本成本的
影响研究

曲佳莉◎著

西南财经大学出版社

中国·成都

图书在版编目(CIP)数据

分析师预测行为对权益资本成本的影响研究/曲佳莉著.--成都:西南财经大学出版社,2024.9.

ISBN 978-7-5504-6344-8

Ⅰ.F279.23

中国国家版本馆 CIP 数据核字第 20246E35L0 号

分析师预测行为对权益资本成本的影响研究

FENXISHI YUCE XINGWEI DUI QUANYI ZIBEN CHENGBEN DE YINGXIANG YANJIU

曲佳莉　著

策划编辑:王青杰
责任编辑:王青杰
责任校对:高小田
封面设计:墨创文化
责任印制:朱曼丽

出版发行	西南财经大学出版社(四川省成都市光华村街55号)
网　　址	http://cbs.swufe.edu.cn
电子邮件	bookcj@swufe.edu.cn
邮政编码	610074
电　　话	028-87353785
照　　排	四川胜翔数码印务设计有限公司
印　　刷	四川五洲彩印有限责任公司
成品尺寸	170 mm×240 mm
印　　张	9
字　　数	150 千字
版　　次	2024 年 9 月第 1 版
印　　次	2024 年 9 月第 1 次印刷
书　　号	ISBN 978-7-5504-6344-8
定　　价	60.00 元

序

　　权益资本成本是企业确定筹资策略、选择筹资渠道、评价投资项目的一个重要指标，它对企业经营决策、投资决策以及价值评估都有着至关重要的影响。因此众多研究围绕权益资本成本的影响因素展开，以探寻能有效降低权益资本成本的途径。在这些研究中，一个主要方向便是对信息不对称与权益资本成本之间关系的讨论。一系列的研究结果表明，企业信息不对称对权益资本成本具有重要影响，信息不对称的存在提高了投资者要求的风险回报，进而增加了公司的权益资本成本。因此，企业希望降低权益资本成本，就有必要不断增加信息披露，提高企业信息透明度，降低企业与投资者之间的信息不对称。

　　在降低企业信息不对称的过程中，财务分析师发挥了重要的市场信息中介作用。财务分析师凭借其多样的信息获取渠道和专业的信息分析技术，通过对其跟踪企业的信息进行搜集、整理、分析和解读，向市场投资者发布盈余预测和投资评级等信息。分析师提供的预测信息增加了企业在市场上的公共信息含量，有助于投资者充分了解企业信息，从而降低其面临的信息不对称所带来的投资风险。不仅如此，针对西方成熟资本市场上分析师预测行为的研究还表明，分析师预测行为本身也能向市场传递一些新的信息，并且这些信息也可能会影响投资者对企业投资风险的估计，进而影响公司权益资本成本。

　　与西方成熟的资本市场不同，我国上市公司的强制信息披露历史较短，上市公司信息披露存在披露不及时、内容不完善、真实性程度低等诸多不规范的现象，这使得我国投资者根据其所掌握的企业信息及时发现投资机会、合理作出投资决策这一过程变得更加复杂和困难。因此，投资者更加需要财务分析师提供信息中介服务。随着我国资本市场的快速发展，我国财务分析师行业也成长迅速，其经历了从无到有、从小到大的历程，已逐渐成为资本市场上发现投资机会、引导资金流向的一股重要力量。鉴于我国分析师市场地位的日益突出，以及其市场影响力的日益显著，有必要对我国分析师预测行为特征进行更充分的揭示。

本书基于信息不对称对权益资本成本影响的理论分析框架，立足于分析师扮演的市场信息中介角色，从分析师预测意见分歧、预测乐观性以及预测信息修正几个方面对分析师预测行为所体现的特征进行了比较全面的剖析，探明了分析师预测行为本身所具有的信息含量，进而理论推演了分析师预测行为对公司权益资本成本的影响。本书基于中国特殊制度背景，以上海和深圳证券交易所2005—2022年的非金融类A股上市公司为样本，通过单变量分析、多元回归分析等方法，从分析师预测行为几个方面的特征对分析师预测行为对权益资本成本的影响进行了实证检验。

本书不仅提供了分析师预测行为本身具有信息含量的新证据，有利于丰富对分析师行为的认识，而且本书将对权益资本成本影响因素的研究拓展到信息中介的行为特征方面，有助于进一步完善对权益资本成本影响因素的探索，研究结论对参与资本市场的投资者、企业以及资本市场的监管部门都具有重要的实践指导意义。

曲佳莉

2024 年 7 月

目　录

1 绪论

1.1 研究的背景及意义

权益资本成本一直是财务理论中的一个核心概念，它是指投资者对投资于公司股票的期望回报率。在数值上，权益资本成本等于使公司未来现金流的贴现值等于当前股票价格的贴现率，因为它是隐含在股票价格中的，所以又被称作隐含的资本成本（Gebhardt et al., 2001；Botosan et al., 2002）。权益资本成本一直备受经济学家和财务专家的关注，是现代财务理论历经半个多世纪发展而历久弥新的研究难题。关于权益资本成本的研究最早可追溯至 Modigliani 和 Miller（1958）的开拓性研究，此后经过半个多世纪的发展，仍然存在许多悬而未决的问题。在实践中，权益资本成本不仅对企业财务决策、价值评估具有重要的指导意义，而且对资本市场组织资源配置以及引导资金流向也发挥着重要作用。因此，在研究中，对权益资本成本影响因素的探寻一直是该领域的一个热点问题。

早期对权益资本成本影响因素的研究主要从企业的规模、市场的系统风险、公司股票流动性、公司财务特征等方面展开。随着委托代理理论和信息不对称理论的出现，越来越多的研究表明企业与投资者之间的信息不对称是权益资本成本的一个重要影响因素，企业信息不对称问题越严重，公司权益资本成本也越高，二者呈现正相关关系（Botosan，1997；Leuz et al., 2000；Botosan et al., 2002；Lambert et al., 2007）。因此，企业若希望维持较低的权益资本成本水平就需要采取措施降低信息不对称，其中一个主要措施就是主动增加信息披露，提高企业信息透明度。Botosan（1997）将企业增加信息披露作用于权益资本成本的途径归结为两条：一是增加信息披露有助于降低股票交易成本，以及增加市场对股票的需求，从而提高了公司股票的流动性，权益资本成本也就随之降低（Amihud et al.，1986；Diamond et al.，1991）；二是增加信息披露使投资者对企业信息掌握更加充分，这有助于降低投资者对企业投资风险的估计，从而起到了降低权益资本成本的作用（Barry et al.，1985；Coles et al.，1995；Clarkson et al.，1996）。

在企业增加信息披露、提高信息透明度的过程中，离不开市场信息中介的作用，其中的财务分析师作为市场信息中介的主体，他们在降低企业信息不对称中的作用备受关注（Healy et al.，2001）。Healy 和 Palepu（2001）以及 Bowen 等（2008）都曾指出，企业除了通过公开的信息披露或自发的信息交流等途径以外，还可以借助于财务分析师的信息中介力量，提高企业信息披露水平，降低信息不对称。胡玮佳和韩丽荣（2020）利用 2005—2015 年我国 A 股非金融上市公司数据，对分析师关注能否降低上市公司会计信息风险进行了研究，他们发现，分析师的关注程度与上市公司的盈余管理信息风险和基本面信息风险显著负相关。这表明分析师对上市公司的跟踪活动能够有效识别管理层披露会计信息存在的重大风险。一方面，财务分析师通过其掌握的优势信息渠道，充分搜集信息，包括公共信息和私有信息（Barron et al.，1998）、财务信息和非财务信息，利用专业知识对信息进行解读，增加信息的扩散渠道。正如 Asquith 等（2005）、Chen 和 Jiang（2006）、Bradley 和 Clarke 等（2014）、Lee 和 So（2017）等所指出的，分析师解读公开信息并披露它们所涵盖的公司的新信息。Green、Jame、Markov 和 Subasi（2014）提供的额外证据表明，分析师利用从与公司管理层的互动中获得的信息来进行报告。另一方面，财务分析师还会根据所掌握的信息对企业未来的盈利状况和投资机会进行预测，包括盈余预测和投资评级等，向市场提供新的信息，从而改变了个体投资者，尤其是中小投资者在信息获取上的不利地位。Chen 和 Jiang（2006）认为，分析师的预测为市场参与者传播了宝贵的私人信息来源。Bradley、Clarke、Lee 和 Ornthanalai（2014）声称，分析师的建议比盈利公告或管理指导更有可能让市场感到惊讶。吴武清等（2017）从分析师跟踪人群中识别出深度跟踪分析师，研究发现深度跟踪分析师的报告数是比分析师跟踪人数和分析师报告数更具信息含量的指标，出于对管理层"隧道行为"的风险规避，深度跟踪分析师更倾向于跟踪进行向上应计盈余管理（向下真实盈余管理）的公司。投资者不具备有效分辨公司盈余管理行为的能力，容易被公司盈余管理行为所误导，而深度跟踪分析师有较强的价值发现功能，并且能降低投资者对公司盈余管理程度的不当反应。

鉴于分析师在降低企业信息不对称过程中所扮演的重要角色，已有学者开始关注分析师跟踪对权益资本成本的影响（Devos et al., 2007; Bowen et al., 2008; He et al., 2013），他们的研究结果表明，分析师跟踪向市场提供的预测信息能增加企业在市场上的公共信息含量，提高企业信息透明度，进而降低权益资本成本。杜亚飞等（2023）以中国制造业上市公司2014—2019 年数据为样本，从分部划分确定性、会计信息完整性和经济特征差异性三个维度逐层深入检验经营分部信息披露对企业权益资本成本的影响。他们的研究发现经营分部信息披露的三个维度均无法直接影响权益资本成本，但在分析师关注下，分部划分确定性、会计信息完整性可以降低企业权益资本成本，经济特征差异性则会提高权益资本成本，说明目前我国投资者对经营分部信息处理成本较高，分析师关注是该信息能够发挥效能的必要条件。但是，分析师跟踪对权益资本成本的影响途径并不仅限于其发布的预测信息。很多学者已经注意到，分析师预测行为本身所体现的特征也是具有信息含量的，并且，分析师的预测行为本身所体现的特征可能会向市场透露更多的信息（Elton et al., 1981; Clement et al., 2005; Stickel, 1991; Gleason et al., 2003）。例如，分析师预测意见分歧越大，企业信息不对称问题可能越严重（Qu et al., 2003）；分析师向上的修正行为向市场透露了好消息，而向下的修正行为向市场透露了坏消息（Gleason et al., 2003）；分析师表现得越乐观，企业的投资风险可能越大（Xu et al., 2013）。而单就分析师所发布的预测信息而言，很难得出这些对市场投资者具有重要参考价值的信息。既然如此，由分析师预测行为本身所体现的特征向市场透露的信息会对权益资本成本产生怎样的影响呢？目前鲜有文献对此问题展开系统的研究，即使在一些文献中有所涉及，也存在结论不一致的现象，例如，关于分析师预测意见分歧对权益资本成本的影响，有学者认为这两者之间存在正相关关系（Bowen et al., 2007；He et al., 2013），而有的学者则认为它们之间存在负相关关系（Gebhardt et al., 2001）。由此可见，分析师预测行为对权益资本成本的影响仍然存在一些悬而未决的问题，因此有必要从分析师预测行为多方面的特征出发，以更全面和系统的视角探讨分析师预测行为对权益资本成本的影响，并且对该问题的研究，对我国资本市场的健康发展也具有较大的现实意义。

与西方成熟的资本市场相比，由于历史和发展的原因，我国上市公司强制信息披露历史较短，上市公司信息披露还存在一些不规范的现象。例如，企业信息披露不够及时、披露内容不够完善、信息真实性差等，甚至还有一些公司通过盈余管理、会计造假等手段来粉饰公司业绩，企图诱导投资者。这些现象不仅不利于降低企业与投资者之间的信息不对称，而且还增加了投资者对企业信息的甄别难度，因此参与我国资本市场的投资者更加需要分析师提供的信息中介服务。在此背景下，我国分析师行业随着我国资本市场的发展也得到了快速发展，其规模和活跃程度都在不断扩大和增加。表 1-1 展示了锐思数据库记录的 2005—2022 年我国分析师行业发展基本状况。

表 1-1　2005—2022 年我国分析师行业发展基本状况

年度	分析师人数/人	盈余预测次数/次	投资评级次数/次	A：上市公司数/个	B：被跟踪的公司数/个	B/A/%	企业的平均分析师跟踪人数/人	分析师平均跟踪的企业数/个
2005	794	5 508	5 603	1 685	682	40.47	9	7
2006	816	8 247	8 994	1 944	840	43.21	9	8

表1-1(续)

年度	分析师人数/人	盈余预测次数/次	投资评级次数/次	A:上市公司数/个	B:被跟踪的公司/个	B/A/%	企业的平均分析师跟踪人数/人	分析师平均跟踪的企业数/个
2007	1 127	9 224	9 654	2 316	929	40.11	9	7
2008	1 627	23 752	24 886	2 609	1 096	42.01	15	10
2009	1 830	29 511	33 887	2 771	1 420	51.25	17	12
2010	2 117	35 323	38 855	2 785	1 773	63.66	18	15
2011	1 748	41 929	43 393	3 374	1 995	59.13	14	16
2012	2 173	58 387	60 430	3 832	1 997	52.11	19	18
2013	2 124	57 199	58 929	4 429	1 867	42.15	19	17
2014	2 039	59 544	62 829	4 608	2 080	45.14	15	17
2015	2 181	58 318	61 025	4 348	2 573	59.18	15	17
2016	2 095	62 934	65 152	4 538	3 353	73.89	15	23
2017	2 323	61 913	62 867	4 823	3 227	66.91	15	20
2018	2 619	65 497	65 974	5 126	2 198	42.88	17	14
2019	2 785	66 921	66 870	5 217	2 208	42.32	18	14
2020	2 370	57 991	58 990	5 245	2 349	44.79	16	16
2021	2 440	60 526	61 651	5 163	2 731	52.90	15	16
2022	2 619	74 891	76 374	5 037	3 205	63.63	16	18

注:表中数据是根据锐思数据库记录的分析师预测数据进行整理得到的。锐思数据库从2004年7月开始对分析师预测数据进行记录,但是2004年只包括了7月、8月、11月和12月四个月的数据,因此,2004年的数据并不全面,没有包括在这个样本中。盈余预测次数是指分析师对企业 $T0$ 年或 $T+1$ 年或 $T+2$ 年每股收益的预测次数。

我国证券分析师按其服务的对象,分为买方分析师和卖方分析师,前者供职于共同基金、养老基金或保险公司等投资机构,他们主要为本机构提供投资分析报告,其目的是帮助公司提高投资收益。后者主要供职于各个券商,他们主要向机构投资者、基金经理或市场普通投资者出售或免费提供研究报告,从而吸引更多的投资者购买其承销的股票或者通过其所属券商进行证券交易来提高公司的收入。由于买方分析师只为公司内部提供分析预测信息,而市场上的投资者主要从卖方分析师处获取各种分析预测信息。因此，学术界针对证券分析师的研究主要集中在卖方分析师方面，本书所提及的分析师均指卖方分析师。

从表1-1可以看出，我国证券市场上的财务分析师规模呈逐年增长的趋势，已由最初的不足千人，发展到2019年年末2 700多人的专业分析师队伍。分析师不仅规模在扩大，活跃程度也在提升。一方面，分析师向市场提供了大量的预测信息，从盈余预测和投资评级的年度发布次数来看，从早期的不足万次，发展到2022年盈余预测达74 891次，评级信息发布次数有76 374次，平均每个月有6 200多条预测信息被发布到证券市场上。另一方面，分析师跟踪覆盖了市场上大部分上市公司，例如分析师跟踪对企业的覆盖率在较低的年份也达到了40%以上，在高的年份则更是达到了70%以上，市场上的大部分企业有分析师对其进行跟踪预测。从企业的平均分析师跟踪人数来看，早在2005年只有9人左右，到了2010年，这一数值达到了18人，即平均每个企业有将近18人对其进行跟踪预测，此后，2011年、2012年也基本维持在19人的跟踪规模。从分析师平均跟踪的企业数量来看，2005年，平均每位分析师跟踪7家，此后，这一数据不断增长，到2016年达到了23家。我国分析师行业发展迅速以及表现活跃的背后体现了市场对分析师所提供的信息中介服务需求旺盛，分析师发布的各类预测信息具有广阔的市场。由此可见，我国分析师行业发展虽然起步较晚，但其发展迅速，已然成为资本市场上发现投资机会、引导资金流向的一股重要力量，引起了市场参与者对他们的广泛关注（白晓宇，2009）。

透过现有文献的关注焦点可以发现，市场对分析师的关注焦点主要集中在两个方面，一是分析师发布的预测信息，二是分析师预测行为的特征。前者主要关注分析师预测信息是否具有投资价值（郭杰 等，2009；吴东辉 等，2005；杨大楷 等，2012），后者主要关注分析师预测行为是否能释放一些新的信息（Gleason et al.，2003，曹新伟 等，2015）。目前的研究对我国分析师预测信息市场价值的认识存在两种截然不同的观点，吴东辉和薛祖云（2005）对分析师预测信息的投资价值的研究表明，中国财务分析师所提供的盈利预测对投资者的实际操作而言是有价值的，它有助于投资者提高投资回报。而郭杰和洪洁瑛（2009）却指出我国分析师基于其私人信息的高权重预测行为是无效的；杨大楷和王佳妮（2012）对我国证券分析师投资建议可信度的问卷调查结果也显示，由于面临各种利益诱惑，分析师常常陷入"利益漩涡"当中，因而投资者认为他们提供的投资评级建议可信度并不高。

由此可见，投资者对我国分析师向市场提供的预测信息的市场价值认识并不一致，但是我国分析师的市场表现仍然很活跃，他们向市场提供的预测信息也有增无减。分析师发布大量的预测信息必然会透露出他们的一些行为特征，例如，分析师在发布预测信息时可能会存在意见不一致的现象；分析师在发布预测信息时可能具有乐观或悲观的倾向；分析师预测并不是一锤定音的，而是存在反复修正的现象。针对西方成熟资本市场的研究表明，分析师预测行为的这些特征是具有信息含量的，并且这些信息会通过股票价格得到体现（Elton et al.，1981；Clement et al.，2005；Stickel，1991；Gleason et al.，2003）。那么，在中国特殊的转型市场经济环境中，中国证券分析师行为特征是否也能向市场传递一些新的信息呢？在市场对分析师预测信息存在疑问的情况下，由分析师行为特征向市场提供的信息对投资者而言是否具有参考价值呢？这些信息与企业信息不对称之间是否存在联系？它又会对公司权益资本成本产生怎样的影响？这些问题都有待检验。

在当前环境下，以中国资本市场为背景，针对分析师预测行为对权益资本成本的影响展开深入研究，具有以下三个方面的重要意义：

第一，有助于丰富对权益资本成本影响因素的研究。权益资本成本影响因素的研究一直是理论界的热点问题。本书基于信息不对称理论分析框架，从分析师作为市场信息中介所发挥的作用出发，以分析师预测行为本身所包含的信息量为突破，从直接的角度寻找分析师预测行为对权益资本成本影响的实证证据。

第二，有助于完善对中国分析师行为的认识。相对于西方成熟资本市场上的分析师，中国证券分析师行业的发展存在许多不规范的地方，一些分析师扮演着市场"黑嘴""庄托"的角色混迹于市,分析师的"客观性""独立性"普遍受到市场质疑,而不断发展的资本市场又迫切需要分析师提供的信息中介服务。作为市场信息中介,中国证券市场上的分析师到底扮演着怎样的角色?其预测行为所体现的特征是否也能向市场传递信息?本书将从分析师预测行为与权益资本成本之间的关系出发,为这些问题寻找答案,以便于更清楚地认识中国分析师的行为特征。

第三,本书还具有重要的实践指导意义。在厘清分析师预测行为对权益资本成本影响的基础上,一方面,企业可以充分利用分析师预测特征与权益资本成本之间的关系,借助于分析师这一市场信息中介,扩大企业信息传播途径,提高企业的市场认识度,降低企业信息不对称,从而降低企业的权益资本成本。另一方面,对于在市场信息不对称中处于劣势地位的市场投资者,分析师预测的信息本身就为其提供了重要的信息参考,而且分析师预测行为所体现的特征也能为其透露一些重要信息。投资者应该充分重视和合理利用这些信息,进而做出投资决策,降低投资风险。

1.2　研究内容及框架

本书的基本框架如图 1-1 所示。根据图 1-1 的研究框架,本书的具体章节及基本研究内容安排如下:

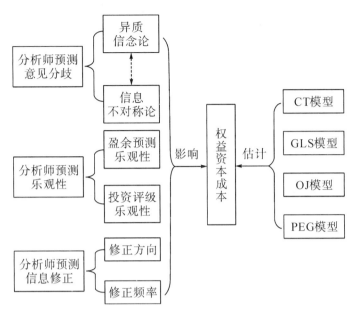

图 1-1 研究框架

第 1 章是绪论。本章主要介绍研究背景、研究意义、研究内容、采用的研究方法以及本研究的改进和创新之处。

第 2 章是研究综述。与本书研究内容相关的文献主要集中在两大类：一个是关于权益资本成本影响因素的研究；另一个是关于分析师作为市场信息中介，他们与企业信息不对称之间关系的研究。因此，第 2 章主要从这两个方面对相关文献进行梳理。在权益资本成本影响因素的相关研究中，信息不对称对权益资本成本的影响一直是该领域的热点问题，并且受到了学者们的广泛关注，因此，第 2 章着重对信息不对称与权益资本成本之间关系的相关研究进行了梳理，主要涉及该领域的理论研究和实证研究成果。同时，第 2 章也对涉及权益资本成本其他影响因素的相关文献进行了回顾，例如公司规模、系统性风险、账面市值比、公司治理、投资者保护等因素。对分析师市场信息中介作用的研究，第 2 章主要回顾了分析师与企业信息不对称之间的关系，以及分析师跟踪对权益资本成本影响的相关研究成果。通过对相关文献的梳理，笔者提出了本书需要解决的问题，从而明确了本书的研究目标和主要研究内容。

第 3 章是对本书的被解释变量权益资本成本进行估计。如何适当地度量权益资本成本是本书展开一系列后续研究的前提。通过对权益资本成本度量模型的相关研究进行梳理，第 3 章确立了基于事前期望回报率的权益资本成本度量模型，对本书中样本企业的权益资本成本进行度量的基本思路，并且选择了几种常见的具有代表性的模型作为本书权益资本成本度量的基本模型，主要包括 CT 模型、GLS 模型、OJN 模型以及 PEG 模型。该部分对这些模型的基本形式、假设条件、数据输入要求等做了详尽的介绍，并且以各模型对企业权益资本成本进行实际度量，为后文的研究奠定基础。

第 4 章是研究分析师预测意见分歧对公司权益资本成本的影响。许多企业不止一个分析师进行跟进，不同分析师对同一家企业发布的盈余预测不可避免会产生分歧。第 4 章从分析师意见分歧产生的原因以及分析师意见分歧的信息价值着手，理论分析了分析师意见分歧可能对权益资本成本产生的影响，并提出了两个对立假设，然后通过单变量分析和多元回归分析对假设进行实证检验。第 4 章的研究为分析师意见分歧是对企业信息不对称的反映这一论断，并且它会对公司权益资本成本产生直接的影响这一假设提供了实证证据。

第 5 章是研究分析师预测乐观性对权益资本成本的影响。分析师预测存在普遍的乐观性倾向。一方面，分析师盈余预测高于企业实际盈余；另一方面，分析师给出的"买入"评级的数量多于"卖出"评级的数量。分析师的盈余预测和投资评级是投资者进行投资决策的重要参考，针对分析师乐观性的预测，投资者是否真的愿意为这类公司的股票支付更高的价格，从而使其具有更低的权益资本成本呢？第 5 章从分析师盈余预测和投资评级两个方面构建代表分析师乐观性的变量，对分析师乐观性对权益资本成本的影响进行了实证检验，从而为分析师乐观性倾向对企业的影响提供了新的实证证据。

第 6 章是研究分析师预测信息修正对权益资本成本的影响。分析师信息修正是分析师跟踪行为的一种重要表现。市场信息瞬息万变，为了提高盈余预测的准确度，分析师不断收集新的信息，并据此对先前的预测做出修正，伴随每一次信息修正过程，分析师不断向市场传递新的信息。第 6 章从分析师预测信息修正方向和频率所包含的信息量入手，理论推演分析师预测信息修正对权益资本成本的影响，并且提出相应的研究假设，然后对假设进行了实证检验，从而提供了中国分析师对企业的盈余预测信息进行修正的行为是具有信息含量的，并且该信息会对权益资本成本产生显著影响的实证证据。

最后一章即第 7 章，是研究结论及展望。该部分对本书的相关结论进行总结，在此基础上，将研究结论与实践相结合，有针对性地提出相关的政策建议。该部分还对本书的不足之处进行了总结，并对后续研究的改进和发展方向进行了展望。

1.3　研究方法

本书采用的研究方法是理论分析与实证研究二者相结合。理论分析是实证研究的基础，它为分析师预测行为对权益资本成本的影响进行定性，进而为实证研究提供相应的假设命题；实证研究是对理论分析的进一步深化，它为理论分析提出的定性关系提供实证依据，二者相辅相成，共同实现本书的研究目标。

1.3.1　基于信息不对称框架的理论分析

本书的理论基础是信息不对称对权益资本成本影响的相关研究。本书首先从分析师作为市场信息中介的角色出发，从分析师预测产生乐观性倾向的动因、分析师预测信息修正方向和频率以及分析师预测产生意见分歧的原因及其信息价值着手，理论分析了分析师预测乐观性、信息修正以及意见分歧所具有的信息含量；进而基于信息不对称的理论分析框架，结合中国特殊的转型市场经济环境中分析师的行为特征，对分析师预测行为上述特征所体现的信息含量与权益资本成本之间的关系进行了理论分析，并提出了相关的研究假设，以待实证检验。

1.3.2　基于单因素的参数检验

在实证分析部分，本书首先对分析师预测行为对权益资本成本的影响进行了单因素均值和中位数检验，例如，采用独立样本 T 检验、Wilcoxon 检验对分析师意见分歧大的公司和意见分歧小的公司的权益资本成本均值和中位进行了比较；以及采用独立样本 T 检验对分析师预测乐观性和非乐观的公司权益资本成本均值进行了比较，从而提供了分析师预测行为对权益资本成本具有影响的初步证据。

1.3.3　基于非平衡面板数据的多元回归分析

多元回归分析是在对权益资本成本影响因素的研究中广泛使用的一种方法。其通过建立多元回归模型，以权益资本成本为被解释变量，以相应的影响因素为解释变量，研究相关变量对权益资本成本的影响。本书以中国上市公司为样本，采用 2005 年到 2012 年的非平衡面板数据，构建多元回归模型，在控制影响权益资本成本的公司特征因素（如企业规模、系统性风险、账面市值比等）的前提下，对分析师预测意见分歧、预测乐观性以及预测信息修正对权益资本成本的影响进行了实证检验。

1.4　相关概念的界定

1.4.1　分析师预测行为

财务分析师是现代资本市场的一个重要组成部分，向市场提供各类预测信息是他们工作的主要职责所在，而本书所说的分析师预测行为即分析师向市场发布各类预测信息的过程。本书将主要通过分析师在发布预测信息的过程中所体现的一些特征来对分析师预测行为进行刻画，这些特征主要包括：分析师预测意见分歧、分析师乐观性倾向、分析师预测信息修正。现有研究表明，这些特征都是具有信息含量的，并且这些信息也会反映到股票价格中，因此，对这些特征的把握以及对这些特征所体现的信息进行捕捉，能够使我们对分析师预测行为的认识由抽象变得更加具体和实际。

1.4.1.1 分析师预测意见分歧

所谓分析师预测意见分歧，是指分析师对特定企业进行盈余预测时，不同分析师预测结果之间所表现出的不一致现象（Athanassakos et al.，2003）。它反映了不同分析师对同一家企业盈余预测结果的离散程度，意见分歧越大，表明不同分析师对同一家企业所做盈余预测的差异越大。学术界对分析师意见分歧到底是反映了分析师之间的不同观点还是反映了分析师对企业信息不确定这一问题，一直存在争议（Qu et al.，2003）。一些学者认为分析师意见分歧是由分析师之间的异质信念造成的，例如，一些分析师表现得更加乐观，而另一些分析师表现得更加悲观，从而导致了不同的预测结果（Miller，1977；Diether et al.，2002）。还有一些学者则认为分析师意见分歧反映的是分析师对企业未来收益估计的不确定，它度量的是企业的一种信息风险，并且会受到企业信息不对称的影响（Lang et al.，1996；Qu et al.，2003）。不论基于何种认识，分析师预测意见分歧作为分析师对企业盈余进行预测时普遍存在的一种现象，得到了学术研究的广泛关注。

1.4.1.2 分析师乐观性倾向

在对分析师预测行为的研究中，分析师乐观性是被广泛提及的一个概念。Easton 和 Sommers（2007）指出分析师预测是分析师根据现有信息提前对企业未来收益状况所做的估计，由于企业未来的收益具有较大的不确定性，并且预测具有提前性，所以分析师预测不可避免会产生误差。但是对分析师预测误差进行观察的结果却显示，分析师对企业未来盈余的估计值往往高于企业未来实际盈余值（Easton et al.，2007；Larocque，2013）；并且在发布企业投资评级建议时，分析师也普遍乐于发布买入评级，而很少给出卖出评级（Eames et al.，2002；Bradshaw，2004；Mola et al.，2009，张烨宇 等，2023），这种现象通常被称为分析师的乐观性倾向。

1.4.1.3　分析师预测信息修正

分析师预测信息修正是财务分析师跟踪企业的一种重要表现。市场信息瞬息万变，为了提高预测信息的准确度，分析师不断搜集新的信息，并据此对先前的预测做出调整，这种更新、调整先前预测信息的行为被称为分析师预测信息修正（Gleason et al.，2003；Yezegel，2015）。分析师预测信息修正主要表现为向上或向下调整先前的预测，向下修正表明新的信息促使分析师对先前的预测进行向下的调整，修正以后的盈余预测比先前的预测值更低，而向上修正表明新的信息促使分析师对先前的预测进行向上的调整，修正以后的盈余预测比以前的预测值更高。

1.4.2　权益资本成本

权益资本成本一直是公司财务理论的核心概念之一。Modigliani 和 Miller（1958）最早将资本成本定义为使企业预期未来现金流的资本化价值等于企业当前价值的贴现率。由于权益资本成本是指企业通过金融市场使用权益筹集资本所承担的成本，它并不需要企业实际支付，而是隐含在股票价格中的，因此权益资本成本也被称作隐含的资本成本。从经济学的角度看，资本成本被认为是一项投资所面临的机会成本（郭洪 等，2010），而权益资本成本则是指投资者选择投资于该公司股票而放弃其他投资机会所遭受的损失，所以投资者期望从公司获得一定的回报率来弥补这种损失，该期望回报率即公司权益资本成本。由于权益资本成本是现有股东投入资金的机会成本，只有高于此机会成本的收益才能真正为股东创造价值，因此它是股东和管理层都极为关注的重要标杆（毛新述 等，2012）。

1.5 研究的改进与创新

权益资本成本影响因素的研究一直是理论界的热点问题之一，以往的研究主要集中在企业规模、流动性、系统风险、投资者法律保护、信息披露等方面，尤其是信息披露对权益资本成本影响的研究几乎占据了该研究领域的半壁江山。随着分析师对市场的影响力不断增加，以及对分析师行为认识的不断深入，也有不少研究开始关注分析师跟踪对权益资本成本产生的影响，但这些研究主要集中在分析师跟踪规模、分析师个人特征方面，很少涉及分析师预测行为特征对权益资本成本的影响。因此，本书基于信息不对称的理论分析框架，对分析师预测行为多方面的特征对企业权益资本成本的影响展开了系统的理论分析和实证研究。相较于以前的研究，本书的改进与创新主要体现在以下三个方面：

（1）本书构建了认识分析师预测行为特征的基本框架。本书第4章、第5章和第6章分别从分析师预测意见分歧、分析师乐观性、预测信息修正三个方面对我国分析师预测行为所体现的特征进行了刻画，这使我们对分析师预测行为的认识更加形象和具体，也使分析师预测行为的研究提升到一个更加系统的视角。

（2）本书将对权益资本成本影响因素的研究拓展到分析师预测的行为特征方面。本书第4章、第5章和第6章分别从分析师预测意见分歧、分析师乐观性、预测信息修正三个维度对分析师预测行为对权益资本成本的影响进行实证检验，探讨公司权益资本成本研究的新视角，拓展和丰富了现有研究成果。

（3）本书为投资者提供了一种新的信息来源，即观察跟踪企业的分析师预测行为可以获得企业一些有关的信息。本书第4章、第5章和第6章的研究表明分析师预测意见分歧、乐观性以及预测信息修正都是具有信息含量的，这些信息为投资者对企业投资风险的判断以及投资机会的选择提供了一种新的参考。

2 研究综述

与本书相关的文献主要集中在对权益资本成本影响因素以及分析师的市场信息中介作用这两个方面的研究。在权益资本成本影响因素的相关研究中，信息不对称对权益资本成本的影响一直是该领域的热点问题，并受到了广泛的关注，由此形成了大量的研究文献。因此，本章将从信息不对称与权益资本成本的关系、权益资本成本其他影响因素以及分析师市场信息中介作用这三个方面对相关文献进行梳理。

2.1 信息不对称与权益资本成本

现代企业所有权和控制权的分离导致了严重的代理问题，也使企业管理者与投资者之间产生了严重的信息不对称（Jensen et al.，1976）。信息不对称的存在使得投资者对企业未来投资收益的估计不确定性增加，从而提高了其对公司股票的期望回报率，这导致公司面临较高的权益资本成本。为了寻找有效途径降低企业融资成本，提高企业价值，大量的研究围绕着权益资本成本的影响因素展开，其中一个重要的方面便是对信息不对称与权益资本成本之间关系的讨论。随着理论研究的深入和发展，目前已形成了丰硕的成果，这些成果主要集中在理论研究和实证研究两大方面。

2.1.1 理论研究成果

信息披露是构建有效资本市场的一个关键因素，对信息披露的需求源自企业内部管理者与外部投资者之间的信息不对称和代理冲突。对于公司层面的信息披露是否会影响企业的资本成本这一问题，早期的一些研究主要从理论分析的角度对其进行了阐述，例如不完全信息模型（Merton，1987）、流动性效应模型（Amihud et al.，1986；Diamond et al.，1991；Brennan et al.，1998）等，他们认为，在实践中企业面临信息风险，市场会对该风险进行定价，并且该风险不能被分散。虽然不完全信息模型认为企业层面的信息会对公司股票的期望回报率产生影响（Amihud et al.，1986）。但是早期的资产定价模型在确定资本成本的影响因素时，企业的信息风险这一因素并没有被考虑在内。因此，Easley 和 O'Hara（2004）曾明确指出市场有效性是构建资产定价模型的一个重要前提，而信息对市场有效性有重要影响，但是在资产定价模型中并没有考虑信息因素，这就显得有些矛盾。

为了进一步完善资产定价模型，Easley 和 O'Hara（2004）对资产定价模型进行了拓展，他们将企业信息分为公共信息和私有信息两大部分，把这两类信息对资本成本的影响纳入模型中，并且通过理论分析证明企业公共信息和私有信息的不同组成对权益资本成本的影响是不同的。市场对那些拥有更多私有信息的企业会要求更高的回报率，以此来弥补处于信息不利地位的投资者所面临的信息风险。他们还指出，公司可以采取合理措施降低企业私有信息，从而实现降低权益资本成本的目的。比如合理选择会计准则和会计信息披露政策；吸引更多的分析师跟踪企业，通过分析师向市场提供更多可靠的信息；或者是公司通过上市交易使公司的信息能及时通过股票价格得到体现。

Hughes 等（2007）对 Easley 和 O'Hara（2004）对私有信息分析的模型做了进一步扩展，把私有信息分为与系统性风险有关的和与非系统性风险有关的两个方面，在一个更为宽泛的理想经济环境中，证明那些与非系统性风险有关的私有信息会被分散掉，而那些与系统性风险有关的私有信息会对企业的风险溢价产生影响，并且在保持总信息不变的前提下，企业的信息不对称程度越高，公司的权益资本成本也越高。但是他们认为信息不对称对权益资本成本的影响仅仅是总体上增加或减少，而不会产生截面上的差异。

Lambert 等（2007）在一个多资产交易的模型中证实，企业提高信息披露质量可以通过直接和间接两条途径对公司资本成本产生影响。直接途径是指，高质量的信息披露会对公司与其他企业之间现金流协方差的评估产生影响，而间接途径是指，高质量的信息披露会影响公司的真实决策，例如投资、经营等，这会影响公司预期现金流与该现金流和整个市场现金流的协方差之间的比率。总之，他们的研究认为，不论是直接途径还是间接途径，高质量的信息披露都会降低公司的资本成本。并且他们还指出，如果将信息披露对资本成本的间接作用引入 Hughes 等（2007）的模型中，就可以观测到信息披露对权益资本成本的截面影响。

Leuz 和 Verrecchia（2000）将企业信息披露、资本投资决策以及资本成本联系起来，在一个完全信息的资本市场环境中，他们证明高质量的信息披露可以通过影响企业预期现金流而起到降低资本成本的作用。这是因为良好的信息披露质量能够很好地协调企业的投资决策和投资者的行为，从而降低了投资者要求的回报率，这有助于降低企业的权益资本成本。

国内学者对权益资本成本影响因素所做的理论研究相对较少，汪炜和蒋高峰（2004）对此做了简单的理论分析，他们在一个存在双头垄断的产品和资本市场上，假设一个厂商对于下期的产品价格是预知的，而另一个没有预知，在一个只考虑两期的决策情况下，通过理论模型证明，随着公司信息披露的增加，投资者与企业之间的信息不对称程度在降低，与此同时，公司权益资本成本也随之下降。他们还以中国上海证券市场 2002 年以前的上市公司为样本，通过实证检验证实了这一论断。

2.1.2 实证研究成果

对增加信息披露与权益资本成本之间关系的实证研究一直是该领域的一大热点问题，迄今已形成了比较丰硕的研究成果。由于受到如何适当地度量权益资本成本这一难点问题的影响，早期的研究主要围绕增加信息披露对那些与权益资本成本显著正相关的因素的影响展开。例如，Amihud 和 Mendelson（1986）将股票买卖差价与权益资本成本联系起来，他们指出，股票的买卖差价与权益资本成本显著正相关，因为投资者对于买卖差价较高的公司股票会要求更高的回报率来弥补他购买该股票而增加的交易成本，如果公司能够增加信息披露，使投资者对公司未来的收益有更好的估计，就能够降低由买卖差价而导致的逆向选择问题，从而有效地降低公司权益资本成本。Welker（1995）也证实信息披露水平与股票买卖差价之间存在负的相关关系。

Diamond 和 Verrecchia（1991）声称大量的信息披露能够降低大规模交易所释放的信息含量，从而降低大规模交易对股票价格产生的不良影响，这有利于带动市场投资者对公司股票的购买。随着市场对公司股票需求的增加，公司权益资本成本也能得到降低。

Healy 等（1999）的研究表明，企业提高信息披露能够提高公司的市场表现，从而通过多种途径降低权益资本成本。例如，增加机构投资者对公司股票的持有，吸引更多的证券分析师对企业进行跟踪，提高公司股票的流动性等。

这些研究虽然都从一个侧面证明企业增加信息披露有助于降低公司权益资本成本，但是关于增加信息披露对权益资本成本的影响，还缺乏更直接的实证证据，直到 Botosan（1997）从更直接的角度对此展开了研究。Botosan（1997）将企业增加信息披露如何有助于降低权益资本成本的路径归结为两条：一是增加信息披露有助于降低股票交易成本，以及增加市场对股票的需求，从而提高了公司股票的流动性，权益资本成本也就随之降低（Amihud et al.，1986；Diamond et al.，1991）；二是增加信息披露使投资者对企业信息掌握得更加充分，有助于投资者对企业投资风险做出判断，从而降低投资者对企业投资风险的估计，进而起到了降低企业权益资本成本的作用（Barry et al.，1985；Coles et al.，1995；Clarkson et al.，1996）。

Botosan（1997）以 1991 年 122 家美国上市公司为样本，根据企业年度报告中的自愿信息披露内容构建了代表公司信息披露质量的指标，对信息披露对公司权益资本成本的影响进行了研究。结果表明，那些分析师跟踪人数较少的企业，提高信息披露质量能显著地降低权益资本成本，而那些分析师跟踪人数较多的企业，企业信息披露质量与公司权益资本成本之间的相关关系并不显著，他认为这可能是由于他所构建的信息披露质量指标只是根据年度报告计算所得，因此不能全面反映企业的信息披露水平。当跟踪公司的分析师人数较少时，企业的自愿性披露在企业信息传递过程中发挥的作用就很显著，而当跟踪公司的分析师人数较多时，分析师在企业信息传递过程中所发挥的作用更为显著。Richardson 和 Welker（2001）以加拿大企业为例，发现了与之类似的结论，即对于那些分析师跟踪人数较少的企业，公司增加财务信息披露能有效地降低权益资本成本。

Botosan 和 Plumlee（2002）以美国 1986 年至 1996 年共 3 618 家上市企业为样本，进一步区分信息披露方式，研究了不同信息披露方式对权益资本成本的影响。结果他们发现企业的年度信息披露水平这一指标与权益资本成本显著负相关，即企业提高年度信息披露水平能显著地降低权益资本成本，这与理论预期是一致的；但是他们还发现，企业的临时性披露水平这一指标却与权益资本成本显著正相关，这与理论预期并不一致。他们指出这种现象与管理者所宣称的是一致的，即及时性的信息披露提高了股价的波动性，从而增加了权益资本成本。但是，Gietzman 和 Ireland（2005）以英国为背景，他们创新性地构建了代表临时性披露水平的指标，并且找到了企业临时性信息披露与公司权益资本成本显著负相关的实证证据。

Kothari 和 Short（2003）从信息披露内容和信息披露主体两方面研究了企业信息披露对权益资本成本的影响，他们的研究结果表明，企业披露的利好消息有助于降低权益资本成本，而不利消息的披露却会增加公司的权益资本成本；并且不同的信息披露主体对这种关系的影响也是不同的。他们发现，金融媒体因为具有较强的独立性，其发布的信息对权益资本成本具有显著影响，而财务分析师为了迎合企业管理者，其发布的信息违背独立性原则，所以由他们发布的信息对权益资本成本的影响并不显著。

Francis 等（2005）则提供了国际比较丰富的经验证据。他们对美国以外的 34 个国家的研究结果表明，有较大外部融资需求的公司，其自愿性信息披露水平越高，越有助于降低公司资本成本，包括债务资本成本和权益资本成本。

Chen 等（2003）对亚洲新兴市场国家的研究表明，这些国家对投资者的法律保护程度较弱，公司治理整体水平较低。尽管信息披露与权益资本成本的关系受到投资者法律保护水平和公司整体治理水平的影响，但是，信息披露仍然和非信息披露类其他公司治理措施一样，有助于降低公司权益资本成本。

Hail 和 Leuz（2006）对 40 个国家法律制度和证券规则进行了比较研究，结果表明，那些来自对企业信息披露具有较高要求的国家的企业，其权益资本成本相对较低，这也从一个侧面证明了较强的信息披露有助于降低权益资本成本这一观点。

曾颖和陆正飞（2006）以中国深圳证券市场 2002 年和 2003 年的股权再融资公司为样本，通过实证分析，结果表明信息披露质量较高的公司拥有较低的股权融资成本。

沈红波（2007）、肖珉和沈艺峰（2008）以跨地上市公司为对象，研究发现同时发行 H 股或 B 股的公司面临更严格的法律监管和更高的信息披露要求，因而具有更低的权益资本成本。

李明毅和惠晓峰（2008）以中国上市公司为例，将上市公司的盈余政策分为激进和保守两类，结果证明公司的盈余保守度与权益资本成本显著负相关，而盈余激进度与权益资本成本没有相关关系，这也表明高质量的信息披露可以有效地降低权益资本成本。

支晓强和何天芮（2010）从企业强制信息披露质量和自愿信息披露质量两个角度考查了企业信息披露质量对权益资本成本的影响。他们的研究结果表明，信息披露质量较高的公司，其权益资本成本较低。并且他们还指出，强制性信息披露质量和自愿性信息披露质量对权益资本成本的联合影响大于它们各自对权益资本成本的影响。

沈红涛等（2011）从环境信息披露的视角研究了企业自愿性信息披露对权益资本成本的影响，研究结果表明，企业环境信息披露水平与公司权益资本成本显著负相关，并且该关系还会受到再融资环保审查制度及执行力度的影响。

陈露和王昱升（2014）指出，企业社会责任信息具有不易量化和可比性较弱的特殊性，认为资本市场需要补充机制来解读企业社会责任信息的价值，从而促进资本市场合理配置资源。

王性玉和康峰卓（2021）研究发现，分析师跟踪对 CSR 信息披露中的印象管理问题造成了"压力促进"而非"监督抑制"的不良后果，且企业良好的内部控制可以有效抑制分析师跟踪对 CSR 信息披露印象管理的"压力促进"效应。

王攀娜和徐博韬（2017）研究发现，企业社会责任信息与分析师关注度正相关，在重污染行业、财务透明度越低的企业，该正相关关系越显著。企业社会责任信息经分析师传递到资本市场降低了公司股票流动性。

高晓锐（2024）的研究表明，若企业拥有良好的 ESG 责任观念，会显著提升分析师对企业的盈余预测质量；较强的 ESG 责任观念会抑制盈余管理行为，进而影响分析师对企业的盈余预测质量。

徐寿福和徐龙炳（2015）指出信息不对称是导致上市公司市场价值长期偏离内在价值的根本原因。上市公司市场价值对其内在价值的偏离程度与信息披露质量显著负相关，信息披露修正资本市场估值偏误的主要途径是降低市值高估公司的市场价值泡沫。

2.2 权益资本成本的其他影响因素研究

早期关于权益资本成本的影响因素研究主要围绕系统性风险、企业规模等因素展开，如 Sharpe（1964）、Lintner（1965）、Mossin（1966）、Fama 和 MacBeth（1973）、Blume 和 Friend（1973）发现系统性风险越高，权益资本成本也越高。后来的研究逐渐拓展到其他影响因素，如市盈率、面值市值比、股利收益率、财务杠杆、流动性等，主要考察公司财务的这些特征对权益资本成本的影响（Banz，1981；Amihud et al.，1986；Brennan et al.，1998；Dhaliwal et al.，2005；McInnis，2010）。也有众多的学者从债券期限、破产风险溢价、未预期的通货膨胀、产值增长率、市场指数、经济全球一体化程度、国家信用风险等宏观经济因素的角度去研究对权益资本成本的影响（Chen et al.，1986；Burmeister et al.，1988；Berry et al.，1988；Foerster et al.，1999；Errunza et al.，2000）。国内学者也从贝塔、规模、股息率、流动性、面值市值比、财务杠杆等不同角度对权益资本成本进行了经验研究（陈浪南 等，2000；陈信元 等，2001；苏冬蔚 等，2004；叶康涛 等，2004）。

随着对公司治理相关研究的推进，一些学者对公司治理因素与权益资本成本之间的关系展开了研究。例如，Gompers 等（2003）证实，1990—2000 年，好的公司治理能使公司获得更高的平均回报率，而 Core 等（2006）却发现，2000—2003 年，这种关系发生了逆转，Li（2010）对这一现象进行了进一步的研究，结果发现在经济繁荣时期，好的公司治理与期望回报率呈正相关关系，而在经济衰退时期二者又呈现负相关关系。Ashbaugh 等（2006）的研究则表明，好的公司治理能够降低投资者面临的代理风险，从而降低权益资本成本。蒋琰和陆正飞（2009）从公司单一和综合治理的角度对公司治理与权益资本成本之间的关系进行了研究，结果表明，公司综合治理机制对权益资本成本具有显著影响，而单一治理机制对权益资本成本的影响并不确定。姜付秀和陆正飞（2006）对我国上市公司的研究表明，公司的股票集中度、高管薪酬这两个公司治理因素与权益资本成本具有显著的负相关关系。

还有一些学者从投资者保护的角度探寻了权益资本成本的影响因素。Porta 等（2002）指出，较高的投资者法律保护水平可以有效地防止公司收益被内部人侵占，从而保证外部投资者对公司收益的获取。这有利于刺激外部投资者购买公司股票，从而降低公司的融资成本。Demirguc-Kunt

和 Manksimovic（1998）则进一步指出，完善的投资者法律保护主要通过有效地监督企业内部人员和保证外部投资者对企业信息的获取，从而使企业更容易通过资本市场筹集长期资金，这既有利于实现企业利润的增长，又有助于维持企业较低的资本成本。Hail 和 Leuz（2006）对 40 个国家的法律制度和证券规则的比较研究表明，投资者法律保护较完善的国家其公司权益资本成本较低。Chen 等（2009）探讨了新兴市场上投资者法律保护对公司治理水平与权益资本成本关系的影响。他们的研究结果发现，新兴市场上的公司，其治理水平与权益资本成本负相关，并且在投资者保护相对弱的国家这种负相关关系更加明显，这表明外部治理环境会对内部治理结构与权益资本成本之间的关系产生影响。Himmelberg 等（2000）以 38 个国家的公司数据为样本，证明在投资者法律保护比较完善的情况下，企业内部人员可以通过减少持股而分散投资风险，从而降低公司权益资本成本。沈艺峰等（2005）以我国证券市场上 1993—2001 年发生股权再融资行为的上市公司为样本，采用时间序列分析方法证明，随着我国投资者法律保护的不断发展和强化，公司权益资本成本也有一个递减的过程。沈红波（2007）、肖珉和沈艺峰（2008）以跨地上市公司为对象，研究发现同时发行 H 股或 B 股的公司因为其面临更严格的法律监管和更高的信息披露要求，具有更低的权益资本成本。肖珉（2008）比较了法的建立和法的实施对权益资本成本影响的差异，并指出与法的建立相比，我国相关法律法规的实施对权益资本成本的降低能够发挥更强的作用。

2.3 分析师市场信息中介作用的研究

资本市场上的信息中介包括财务分析师、商业媒体、评级机构等，对信息中介的研究主要集中在分析师发挥的作用上（Healy et al.，2001；Bowen et al.，2008）。分析师通过对公司信息进行搜集和研究，向投资者发布盈余预测和投资建议，他们的行为能够增加市场上的信息供应，降低市场信息不对称性。Jensen 和 Meckling（1976）曾指出证券分析师可以在一定程度上解决现代企业制度下的所有权与控制权分离导致的代理问题，以及降低企业内部管理者与外部投资者之间的信息不对称。Chung 和 Jo（1996）也指出分析师跟进不仅对管理者来说是一种监督，有助于降低投资者与管理者之间的代理冲突，而且分析师跟踪能够增加企业的信息传播和扩散途径，有助于提高投资者认识。这些对企业价值都具有正面的影响。Lang 等（2004）对 27 个国家样本公司的研究表明，分析师跟踪会显著提高公司价值，这一现象在存在公司治理缺陷的企业表现得尤为明显。曹新伟等（2015）探讨了分析师实地调研对资本市场信息效率的影响，他们发现分析师的实地调研可以促进更多的公司特有信息融入股价，提高了资本市场的信息效率。对于信息披露质量较差、研发投入较大的上市公司，分析师实地调研提高资本市场信息效率的作用更大，这表明在公开信息有限或不足时，分析师实地调研的信息挖掘作用更显著。Zhan 和 Wu（2024）研究了分析师身份对荐股绩效的影响。他们利用 2007 年至 2022 年中国股市的281 886份分析师推荐，采用了一种准实验方法，利用明星分析师选举，并利用时变差异模型来检验选举前后分析师推荐产生的累积异常回报的差异。研究结果表明，当分析师晋升为明星时，他们推荐的股票表现会有所改善。有趣的是，明星效应对于在小型经纪公司工作的分析师来说尤其明显，即使在经济冲击期间也会持续存在。

现有文献关于分析师跟踪对公司权益资本成本影响的研究主要从间接和直接两个角度展开。间接的角度主要集中在对分析师跟踪与信息不对称之间关系的检验，从分析师跟踪与企业信息不对称之间的关系推断分析师跟踪对公司权益资本成本的影响；直接的角度主要考察了分析师跟踪规模、分析师预测信息特征对公司权益资本成本的影响。

2.3.1　分析师跟踪与企业信息不对称

Keskek 等（2014）指出分析师的信息中介作用主要体现在信息发掘和信息分析两个方面。Brennan 等（1993），Brennan 和 Subrahmanyam

（1995）以及 Frankel 和 Li（2004）都曾指出分析师跟踪具有信息发掘的作用，他们认为在公司财务报告公布之前，分析师的主要目标是搜集各类信息，尤其是搜集企业私有信息，这些信息对市场投资者具有重要的参考价值；Lang 和 Lundholm（1996）、Healy 等（1999）以及 Zhang（2008）则认为分析师跟踪具有信息解读的作用，他们指出在公司财务报告公布之后，分析师则将主要精力用于解读和分析公司的财务报告。也有一些学者对分析师这两方面作用的重要性进行了探讨，Chen 等（2010）认为分析师这两个方面的作用都很重要；Ivkovic 和 Jegadeesh（2004）认为分析师的信息发掘作用对投资者更为重要，而 Livnat 和 Zhang（2012）则持相反的观点，认为分析师的信息分析作用更重要。Keskek 等（2014）认为分析师的预测时机更为重要，公布时间越早的预测对投资者越有利，而那些经验丰富的分析师公布的预测信息往往较早。Chen 和 Jiang（2006）认为，分析师的预测为市场参与者传播了宝贵的私人信息来源，Bradley、Clarke、Lee 和 Ornthanalai（2014）声称，分析师的建议比盈利公告或管理指导更有可能让市场感到惊讶。

不管是信息发掘作用还是信息解读作用，作为市场信息中介，分析师对企业的跟踪预测行为都有助于增加市场上的信息供应，改变企业的信息环境。Amir 等（1999）曾指出分析师的主要贡献在于，他们将大量的私人信息转变为公共信息，增加企业的信息供应量，因而他们提供的信息具有增量贡献，这有利于改善企业的信息环境。Lys 和 Sohn（1990）证实分析师预测信息是具有信息含量的，尽管它只反映了在预测信息发布之前包含在股票价格中的 66% 的信息。Aitken 等（1996）对澳大利亚分析师预测的信息含量进行了研究，得到了与 Lys 和 Sohn（1990）比较一致的结论，即分析师预测具有信息含量，虽然它并没有完全反映市场上可获得的公共信息，但是这并不影响以分析师预测作为市场期望值的合理代理变量。伍燕然等（2016）对分析师预测偏差的影响因素进行了研究。研究发现：投资者情绪对分析师盈利预测偏差有显著影响；公司治理水平和信息披露质量（两个理性因素）对分析师预测偏差有显著影响；在分别控制信息披露质量和公司治理水平后，投资者情绪仍会对分析师盈利预测偏差产生显著正向影响；对于信息披露质量高、公司治理水平高的公司，分析师盈利预测偏差受投资者情绪的影响较小。林焜等（2020）的研究表明，分析师关注能够显著提高上市公司的信息披露质量，而且明星分析师关注使这种趋势更加明显，这主要是由于分析师关注促进了内部控制质量的提升，而内部控制对信息披露质量具有正向影响。Altınkılıç等（2013）指出普遍的观点认为分析师是重要的信息中介，然而他们的分析却发现分析师的信息修正向市场提供的信息是有限的，市场股票价格对分析师报告的反映证明了这一点。

不仅分析师预测信息内容能向市场传递新的信息，而且分析师预测行为本身的特征也是具有信息含量的，并且分析师的预测行为本身可能比分析师发布的预测信息内容具有更多的信息。Givoly和Lakonishok（1997）通过分析师信息修正与股票价格之间的关系证明分析师信息修正是具有信息含量的。Qu等（2003）发现分析师预测信息的意见分歧反映了企业的信息不对称，跟踪企业的分析师对企业未来盈余预测的意见分歧越大，企业信息不对称问题可能越严重；Gleason和Lee（2003）发现分析师的信息修正行为能向市场传递一些重要的信息，分析师向上的修正行为向市场透露了好消息，而向下的修正向市场透露了坏消息；Xu等（2013）的研究则表明分析师对企业盈余预测或投资评级越乐观，企业的投资风险可能越大。

分析师对企业进行跟踪预测不仅能反映企业的一些基本信息，而且他们也会受到企业信息披露的影响。Baginski和Hassell（1990）发现分析师预测活动会受到管理层业绩预告的影响。Lang和Lundholm（1996）发现由于企业自愿性披露降低了分析师的信息获取成本，因此分析师活动会增加，其向市场提供的信息供给也会增加，并且他们还指出，企业增加信息披露不仅能够吸引更多的分析师对企业进行跟踪，而且还有助于降低分析师预测意见分歧以及分析师信息修正幅度。Trueman（1996）则更实际地指出，管理层可以向不同的分析师释放不同的私有信息，以便吸引更多的分析师对企业进行跟踪。企业的新闻发布会不仅是企业信息披露的一个重要渠道，也是吸引分析师关注的一个主要手段，因此，Bowen 等（2002）、Francis 等（2008）以及 Mayew（2008）都曾指出，企业召开新闻发布会不仅能够增加企业信息披露，而且还能够吸引更多的分析师对企业进行跟踪，并且对减少分析师预测意见分歧及提高其预测信息的准确度都大有益处。Dhaliwal 等（2011）的研究发现，企业增加社会责任信息披露，不仅能够增加分析师对企业的跟踪，而且还有助于减少分析师预测误差，降低预测分歧度。白晓宇（2009）对中国分析师跟踪行为的研究表明，上市公司信息披露政策越透明，对其进行跟随的分析师数量越多，并且分析师预测分歧也越小，准确度也越高。

学者们如此关注分析师对企业的跟踪行为，极力从信息披露的角度去探寻影响分析师跟踪行为的因素，Bowen 等（2008）就指出这其中的关键原因是分析师跟踪能够降低企业信息不对称，因此增加信息披露不仅能直接降低企业信息不对称，而且还能够增加分析师对企业的跟踪，通过分析师的信息中介作用进一步降低企业信息不对称。陈露和王昱升（2014）认为企业社会责任信息是我国证券分析师跟踪目标上市公司的影响因素，并且证券分析师的跟踪关注，有助于资本市场认识企业社会责任信息的价值，但是，由于我国社会责任信息披露质量较低，其对证券分析师跟踪关注行为没有产生影响。Robert（2015）指出分析师通过三条途径为市场提供增量价值贡献，一是对公司进行更多的监督，二是降低公司的信息不对称，三是激发对公司股票的需求。但是他们的研究却发现，这三条途径中只有第三条是分析师对市场的贡献，分析师的跟踪并不能有效降低信息不对称或提供更高水平的监督。

何德旭和夏范社（2024）对明星分析师的跟踪行为和治理效用进行了研究，结果发现，明星分析师通过缓解融资约束、增强股票流动性、解读研发行为，正向解读投资行为，对公司价值挖掘发挥了积极作用。这也证实了明星分析师的信息中介作用。Jin 等（2023）使用覆盖决策的质量作为一种新的指标来评估明星和非明星分析师的绩效。他们发现，与非明星分析师相比，明星分析师的覆盖决策是更好的回报预测因素。对于信息不透明的股票，明星分析师覆盖决策的回报可预测性更强。随着企业信息环境的急剧恶化（改善），明星分析师的覆盖决策的预测能力会增强（减弱），这与明星分析师具有识别定价错误股票的卓越能力的观点一致。总体而言，明星分析师可以做出更好的覆盖决策，并作为信息中介发挥更大的作用，尤其是在信息环境较差的情况下。由此可见，分析师对企业的跟踪预测行为与企业信息披露密切相关，二者相辅相成，共同影响着企业的信息环境。

2.3.2 分析师跟踪与权益资本成本

从上述对分析师预测行为与企业信息不对称之间的关系的研究中可以看出，分析师对企业进行跟踪预测有助于降低企业信息不对称，而根据信息不对称与权益资本成本之间的关系，不难发现，分析师跟踪能够起到降低权益资本成本的作用。但是由于分析师跟踪还会受到其他一系列非信息披露因素的影响，分析师的信息中介作用也受到一些学者的质疑，尤其是当分析师面临利益冲突时，可能会丢失分析师的中立性，Lin 和 McNichols（1998）以及 Michaely 和 Womack（1999）均指出利益冲突对分析师跟踪行为的影响，可能会导致分析师跟踪与信息不对称之间的关系发生逆转。例如，分析师预测存在乐观性倾向，为了提高他们所在经纪公司的交易量和投资银行的交易费用，分析师具有发布乐观性预测和"买入"建议的投资评级信息（Lin et al., 1998；Dechow et al., 2000），这些信息不利于投资者对企业信息进行充分的了解。私有信息是分析师对企业进行预测的一种主要信息来源，但是 Zhang（2001）的研究也表明大量私有信息的运用，也可能会加剧企业与投资者之间的信息不对称。因此，Bowen 等（2008）指出，由分析师跟踪与企业信息不对称之间的关系推论分析师跟踪有助于降低权益资本成本还缺乏理论和实证依据，有必要对分析师跟踪对权益资本成本的影响展开更为直接的研究。

在对权益资本成本影响因素的研究中，企业的分析师跟踪规模最早被作为一种控制因素加以考虑，如 Botosan（1997）、Richardson 和 Welker（2001）在研究企业信息披露对权益资本成本的影响时就对企业的分析师跟踪人数进行了控制，他们对分析师跟踪人数对信息披露与权益资本成本之间关系的影响进行了讨论，发现企业的分析师跟踪人数与信息披露对权益资本成本的影响存在一种替代关系。Gebhardt 等（2001）将企业的分析师跟踪人数作为企业信息可获得性的一个指标，在对权益资本成本的研究中对其进行了控制，他们发现分析师跟踪规模与权益资本成本负相关。

还有一些研究从更直接的角度对分析师跟踪与权益资本成本之间的关系进行了讨论。Bowen 等（2008）以美国 1984—2000 年 4 766 家增发新股的公司为样本，对分析师跟踪与企业增发新股的融资成本之间的关系进行了系统的研究，结果表明企业的融资成本与分析师跟踪规模负相关，并且他们还发现分析师预测分歧对企业的融资成本具有显著影响。He 等（2013）针对澳大利亚证券市场的研究也表明，信息不对称与投资者事前期望的回报正相关，而对分析师跟踪人数较多的公司，投资者会赋予更低的风险水平估计。因此，企业的分析师跟踪规模越大，公司股票的期望回报率越低，并且他们还发现，分析师预测意见分歧度也会对股票的期望回报率产生显著的影响。肖斌卿等（2010）以中国上市公司为样本，以投资者认识假说为理论基础，对分析师跟踪与公司权益资本成本之间的关系进行了考察，他们认为中国证券分析师对企业的跟踪主要通过降低企业信息不对称以及扩大投资者基础这两条途径，起到了降低权益资本成本的作用，他们的实证证据也表明，分析师跟踪规模与权益资本成本显著负相关。

2.4　评述

综上所述，在权益资本成本影响因素的众多研究中，一个主要内容就是探讨增加信息披露对权益资本成本的影响。大量研究从信息披露水平、披露质量、披露主体、披露方式等方面，以不同国家、地区为背景，寻找信息披露对权益资本成本产生影响的实证证据，探索其影响途径和作用机理，形成了丰硕的研究成果。一系列理论研究和实证研究结果都表明，信息不对称是影响权益资本成本的重要因素，增加信息披露，提高企业信息透明度有助于降低企业信息不对称，从而降低公司权益资本成本。

在企业增加信息披露的过程中，财务分析师扮演了重要的角色。从分析师跟踪与企业信息不对称之间关系的相关研究中，我们可以看出，分析师跟踪与企业信息不对称之间存在错综复杂的关系。一方面，分析师跟踪增加了企业在市场上的信息供应量，有利于降低企业信息不对称。另一方面，企业的信息披露水平也会影响分析师对企业的跟踪行为；不仅如此，分析师预测行为本身的一些特征也是具有信息含量的，例如，分析师预测意见分歧、预测乐观性以及预测信息修正都能向市场传递一些重要的信息，这些信息量也会对企业的信息环境产生影响。鉴于公司权益资本成本容易受到企业信息环境的影响，由此引发了本书对分析师对企业的跟踪预测会对权益资本成本产生怎样的影响这一问题的关注。

虽然目前已有文献对分析师跟踪会对公司权益资本成本产生怎样的影响进行了一些研究，但是这些研究主要关注企业的分析师跟踪规模对权益资本成本的影响，而且也形成了比较一致的结论，即企业的分析师跟踪规模越大，越有利于降低企业的信息不对称，从而降低权益资本成本。然而，这些研究对分析师预测行为本身的特征所具有的信息含量会对权益资本成本产生怎样的影响关注较少，例如，分析师预测意见分歧会对权益资本成本产生怎样的影响？分析师预测乐观性倾向会对影响权益资本成本产生吗？分析师预测信息修正行为会怎样影响权益资本成本？目前还没有文献对这些问题展开深入系统的研究，即使在一些研究中有所涉及，也还存在结论不一致的现象，例如，就分析师意见分歧对权益资本成本的影响，Bowen 等（2008）和 He 等（2013）认为分析师预测意见分歧与权益资本成本显著正相关，而 Gebhardt 等（2001）却认为这二者负相关。

综上所述，由于企业信息不对称、分析师跟踪以及公司权益资本成本之间存在千丝万缕的联系，而分析师预测作为分析师跟踪企业的一种重要行为表现，其行为特征所透露的信息是否会对公司权益资本成本产生影响？这是目前仍然有待检验的问题。对该问题的研究既有助于认识分析师的行为特征，也有助于丰富和完善对权益资本成本影响因素的探寻。因此，本书将基于信息不对称与权益资本成本之间关系的理论框架，从分析师发挥的市场信息中介作用出发，以分析师预测行为本身的特征所具有的信息含量为切入点，从以下三个方面对分析师预测行为对权益资本成本的影响展开系统的研究，以期提供分析师预测行为对权益资本成本产生影响的实证证据：

（1）分析师预测意见分歧对权益资本成本的影响；

（2）分析师预测乐观性对权益资本成本的影响；

（3）分析师预测信息修正对权益资本成本的影响。

3 权益资本成本的度量

权益资本成本是本书的被解释变量，如何适当地度量权益资本成本是展开后续研究的前提。对权益资本成本的度量一直是现代金融学和财务学研究中的难点和热点问题之一，围绕权益资本成本的度量问题也形成了大量的研究成果，包括权益资本成本度量模型的建立、模型度量效果的比较等，这些研究成果为本书适当地度量权益资本成本提供了相应的理论基础。本章将在对权益资本成本度量问题的相关研究进行梳理的基础上，寻找权益资本成本的度量方法，并对中国上市公司的权益资本成本进行实际度量，为后文的研究奠定基础。

3.1 关于权益资本成本度量的相关研究

3.1.1 权益资本成本基本度量模型研究

对权益资本成本的度量，理论界主要有两种观点：一是用事后已实现的回报率作为权益资本成本的代理变量；二是以事前期望的回报率作为权益资本成本的代理变量。

由 Sharpe（1964）和 Lintner（1965）建立的资本资产定价模型（CAPM）开启了资产定价理论研究的先河。CAPM 模型认为企业的资本成本是由市场无风险利率和由系统风险决定的风险溢价这两部分决定的，其具体形式如式（3-1）所示。

$$E(R_i) = R_f + \beta_i(E(R_M) - R_f) \tag{3-1}$$

其中，$E(R_i)$ 是投资者的期望回报率，即公司的权益资本成本，R_f 为市场的无风险利率，$E(R_M) - R_f$ 为预期市场的超额回报率，即市场的风险溢价，β_i 为企业的系统风险。

而后 Fama 和 French（1993）指出 CAPM 模型对资本成本影响因素的界定太过狭窄，因为根据 CAPM 模型，它无法解释企业规模、财务杠杆、账面市值比等因素对截面回报率所产生的影响，因此 Fama 和 French（1993）对 CAPM 模型进行了拓展，由此提出了三因素模型，将企业规模和账面市值比纳入资产定价因素中，其具体形式如式（3-2）所示。

$$E(R_i) = R_f + \beta_i(E(R_M) - R_f) + s_i E(\mathrm{SMB}) + h_i E(\mathrm{HML}) \tag{3-2}$$

其中，$E(\mathrm{SMB})$ 是基于公司规模的期望溢价，即小规模公司投资组合减去大规模公司投资组合的回报率，$E(\mathrm{HML})$ 是基于账面市值比的期望溢价，即高账面市值比的公司投资组合减去低账面市值比的公司投资组合的回报率，s_i 和 h_i 则为相应的敏感因子载荷。

除了 CAPM 模型和三因素模型，还有一种基于事后以实现回报率的权益资本成本度量模型，即 Ross（1976）提出的股票套利定价模型（APT）。Ross 假定在没有无风险套利的情况下，风险资产的期望回报率被定义为 0-β 的证券组合的期望回报率加上一系列正交因素的风险溢价，其基本形式如式（3-3）所示。

$$E(R_i) = \lambda_0 + \sum_{j=l}^{n} \beta_{ij}\lambda_j \tag{3-3}$$

其中，λ_0 表示 0-β 的证券组合的期望回报率，λ_j 是因素 j 的风险溢价，β_{ij} 则为因素 j 的敏感因子载荷。APT 模型虽然将影响资本收益的影响因素扩展到多因素，但它并没有具体指出哪些因素应该被纳入模型中，因而在实质上它与 CAPM 模型是一致的，可以认为 APT 模型是广义的资本资产定价模型（毛新述 等，2012）。

基于事前期望回报率的权益资本成本估计构成了权益资本成本度量模型研究的另一种思路。Williams（1938）提出的股利贴现模型开启了该领域的研究，它的基本假设是股票当前的价格等于企业预期股利分配的贴现值，如式（3-4）所示。

$$P_0 = \sum_{t=1}^{\infty} (1 + r_e)^{-t} E(\mathrm{dps}_t) \qquad (3\text{-}4)$$

其中，P_0 为当前的股票价格，$E(\mathrm{dps}_t)$ 表示市场对企业未来第 t 期股利分配的期望，它反映投资者投资于该公司股票，在未来能够获得的现金流。式中的贴现率 r_e 即权益资本成本，由于它是隐含在股票价格中的，因此也被称作隐含的资本成本。

围绕股利贴现模型形成了多种基于事前期望回报率的权益资本成本度量模型，它们的区别在于对企业未来现金流的增长模式以及预测期间的假设不同，但它们的基本思想都是，权益资本成本是使市场期望的企业未来股利分配的贴现值等于当前股票价格的贴现率。这些模型主要有：Gordon 和 Gordon（1997）提出的股利增长模型、Claus 和 Thomas（2001）提出的 CT 模型、Gebhardt 等（2001）提出的 GLS 模型、Botoson 和 Plumlee（2002）提出的 DIV 模型、Easton（2004）提出的 PEG 模型，以及 Ohlson 和 Juetner-Nauroth（2005）提出的 OJN 模型。

基于事前期望回报率的度量模型使权益资本成本的度量由以前依靠市场投资组合的回报率数据转变为依靠公司的财务数据，大大降低了数据获取的难度，并且避免了对市场风险因素的判断以及对风险溢价的估计，从而使得这些模型从一提出来就得到了大量的运用。

Chen 等（2003）采用 GLS 模型计算了权益资本成本；Hail 和 Leuz（2006）运用 CT 模型、GLS 模型、OJN 模型和 PEG 模型对 40 个国家的企业权益资本成本进行了计算和比较，Chen 等（2009）采用 CT 模型、GLS 模型、OJN 模型和 PEG 模型计算的平均值度量权益资本成本。陆正飞等（2004）认为 GLS 方法可以在稍加调整后用于对我国上市公司权益资本成本进行估计，沈艺峰等（2005）采用 GLS 模型对我国上市公司权益资本成本进行了计算，叶康涛和陆正飞（2004）、曾颖和陆正飞（2006）、肖珉和沈艺峰（2008）、沈洪涛等（2010）在文中都采用了该方法对我国市场公司权益资本成本进行了研究。由于 GLS 模型需要至少 12 期的 ROE 预测数据和企业长期增长率数据，且该方法估计结果的准确性对 ROE 预测准确性的要求很高，这使得该方法在实际运用中也受到较大限制。因此，沈红波（2007）、徐浩萍和吕长江（2007）则采用了OJN模型对中国上市公司的权益资本成本进行了估计。

3.1.2 权益资本成本度量模型比较研究

基于事后以实现回报率的权益资本成本度量的主要模型，自其形成以来就备受关注，被大量运用到有关的实证研究中，尤其是CAPM模型，在财务理论的教学中曾经被作为唯一的资产定价模型讲授（Fama et al.，2004）。但是围绕这些模型有效性的争论也一直不断，一些研究认为，这些模型都是用已实现的股票回报率对资产的期望收益率进行估计，这显然是一种事后的资本成本。而权益资本成本指的是股票的期望回报率，而期望回报率与已实现的事后回报率之间的相关性是很弱的，因此，Elton（1999）就明确指出如果用已实现的回报率来代表权益资本成本，这是有问题的。Fama和French（1997）也指出CAPM模型和Farna-French三因素模型的估计结果都是权益资本成本较弱的代理变量，这是因为这些模型对企业风险载荷和风险溢价难以做出准确的估计。

用已实现的事后回报率不能很好地度量权益资本成本，这已基本成为理论研究中的一种共识，因此，越来越多的研究将目光投向用事前的期望回报率作为权益资本成本的代理变量。但是基于事前期望回报率的权益资本成本度量模型拥有各自的假设前提，对数据输入也有不同的要求，哪一种模型在度量权益资本成本时更胜一筹，目前还没有定论。对此，学术界也展开了大量的比较研究。

Hail和Leuz（2006）以CT模型、GLS模型、OJN模型和PEG模型这四种方法对权益资本成本进行度量，并且以它们的平均值作为权益资本成本的最终值。在他们的研究中，他们发现GLS模型估计的权益资本成本最低，其他模型估计结果比较接近。并且CT模型、OJN模型和PEG模型这三个估计结果与最终的均值高度相关，只有GLS模型估计的结果与最终的均值相关性较低。

Gode 和 Mohanram（2003）比较了 OJN 模型和剩余价值贴现模型（GLS 模型），结果表明 OJN 模型因其计算简单，以及不需要对未来的增长率、股利支付率和"干净盈余"做出假设，是权益资本成本比较稳健的代理变量。

Botoson 和 Plumlee（2005）对包括 GLS 模型、OJN 模型和 PEG 模型和 GGM 模型在内的五种权益资本成本度量模型进行了比较分析，认为 PEG 模型与企业风险具有一致性，对企业风险具有可预见性，因而要优于其他的度量模型。

Easton 和 Monahan（2005）对 CT 模型、GLS 模型、PEG 模型和 PE 模型对权益资本成本的测试效用进行了比较，结果表明这些模型所计算的权益资本成本与企业未来已实现的回报率之间的关系都很弱，并且指出这可能是由于这些模型在计算过程中都将分析师预测数据作为重要的输入变量，而分析师预测数据是存在误差的，且主要是乐观性误差。

Boubakri 等（2012）采用一种综合的方法计算权益资本成本，即通过 CT 模型、GLS 模型、PEG 模型和 OJN 模型四种方法分别计算权益资本成本，再求其平均值作为最终的权益资本成本代理变量。结果发现，用 PEG 模型和 OJN 模型计算的权益资本成本与四种方法计算的平均值高度相关，而用 GLS 模型和 CT 模型计算的权益资本成本与四种方法计算的平均值相关程度较低。

国内学者郭洪和何丹（2010）以及肖作平（2011）对国际主流的权益资本成本度量模型进行了理论上的梳理。毛新述等（2012）针对中国上市公司，对多种权益资本成本的测度效应进行了比较分析，研究表明事前期望的回报率比事后已实现的回报率能更好地度量权益资本成本，但不同模型度量的权益资本成本差异较大，期望回报率的权益资本成本度量模型中，PEG 模型表现较好，而被广泛应用的 GLS 模型表现并不理想。

综上所述，以事前期望回报率作为权益资本成本的代理变量已成为理论界的共识，但是众多的基于事前期望回报率的权益资本成本度量模型由于拥有各自的假设前提以及不同的数据输入需求，不同模型对权益资本成本度量的效果表现并不一致，且理论界对于哪一种模型能更好地度量权益资本成本还没有达成共识。因此一些学者采取折中的方法，即以多种模型估计结果的平均值来实际度量权益资本成本，并且取得了比较理想的效果（Hail et al.，2006；Chen et al.，2009；Boubakri et al.，2012），这为本书如何适当地度量权益资本成本提供了一种新的思路。

本书参考 Hail 和 Leuz（2006）、Chen 等（2009）、Boubakri 等（2012）的研究，以 CT 模型、GLS 模型、OJN 模型以及 PEG 模型作为权益资本成本的基本估计方式，以这四个模型计算结果的算术平均值作为本书权益资本成本的最终估计结果，从而避免使用单一模型对权益资本成本度量可能产生的偏误。下面将对这四个模型的基本形式、假设条件以及数据需要做进一步详细的介绍。

3.2 基于事前期望回报率的权益资本成本度量模型

3.2.1 CT 模型

CT 模型由 Claus 和 Thomas（2001）提出，它是一种特殊的剩余价值贴现模型。其基本形式如式（3-5）所示。

$$P_0 = B_0 + \sum_{\tau=1}^{T} \frac{\text{Feps}_\tau - r_{\text{CT}} B_{\tau-1}}{(1 + r_{\text{CT}})^\tau} + \frac{(\text{Feps}_T - r_{\text{CT}} \cdot B_{T-1})(1 + g)}{(r_{\text{CT}} - g)(1 + r_{\text{CT}})^T} \quad (3-5)$$

该模型假设当前的股票价格 P_0 等于每股净资产的账面价值加上未来一系列剩余收益的贴现值，而该贴现率就是权益资本成本 r_{CT}。企业每股净资产根据"干净盈余"假设由上期末的每股净资产与当前每股收益预测值以及固定的股利分配率计算得到：$B_t = B_{t-1} + \text{Feps}_t \times (1 - \text{div})$。div 为企业固定股利支付率，本书用企业历史平均股利支付率表示。同时，该模型需要未来 5 年企业每股收益预测值 Feps，当 $T = 1$，2 时，Feps 用分析师预测每股收益的平均值表示；$T = 3$，4，5 时的 Feps 由上期预测值和企业长期增长率计算所得：$\text{Feps}_t = \text{Feps}_t \times (1 + \text{ltg}_t)$。$\text{ltg}_t$ 为在 t 期企业面临的长期增长率，本书用企业营业收入过去 5 年的平均复利增长率表示。并且该模型假设 5 年以后，企业面临永续增长率 g。对于企业的永续增长率 g，Claus 和 Thomas（2001）的文章中将其设定为 0.05，或者令它等于过去的通货膨胀率，本书将 g 设定为 0，由于它在模型中所占的比重较低，它的取值对模型估计结果的影响较小，从而增强了模型预测的准确性，这也是 CT 模型的一大优势。

3.2.2 GLS 模型

GLS 模型由 Gebhardt 等（2001）提出，其基本形式如式（3-6）所示。

$$P_0 = B_0 + \frac{\text{FROE}_1 - r_{\text{GLS}}}{(1 + r_{\text{GLS}})} B_0 + \frac{\text{FROE}_2 - r_{\text{GLS}}}{(1 + r_{\text{GLS}})^2} B_1 + \frac{\text{FROE}_3 - r_{\text{GLS}}}{(1 + r_{\text{GLS}})^3} B_2 + \text{TV}$$

$$（3-6）$$

与 CT 模型的思路基本一致，该模型也将股票的价格定义为每股净资产的账面价值加上未来一系列现金流的贴现值，该贴现率 r_{GLS} 即权益资本成本。企业未来前三年的现金流由分析师预测每股收益和每股净资产来刻画，当 $t = 1$，2，3 时，$\text{FROE}_t = \text{Feps}_t / B_{t-1}$，$\text{FROE}_t$ 为第 t 期企业净资产收益率的预测值，而后的现金流则由企业终值 TV 来刻画：

$$\text{TV} = \sum_{t=4}^{11} \frac{\text{FROE}_t - r_{\text{GLS}}}{(1 + r_{\text{GLS}})^t} B_{t-1} + \frac{\text{FROE}_{12} - r_{\text{GLS}}}{r_{\text{GLS}} (1 + r_{\text{GLS}})^{11}} B_{11} \qquad （3-7）$$

Gebhardt 等（2001）指出该模型的预测期间至少为 12 年，本书选择 12 年的预测期间，根据厂商长期利润均等化的假设，从 $t = 4$ 到 $t = 11$ 期间，FROE_t 向企业所在行业的净资产收益率的中位数匀速回归，当 $t = 12$ 时，FROE_{12} 等于其行业中位数。ROE 的行业中位数为该行业企业过去 10 年 ROE 的移动中位数值，Gebhardt 等（2001）曾指出只有盈利公司才能更好刻画行业长期的均衡回报，因此，本书在计算 ROE 的行业中位数时，剔除了亏损的企业样本。按照中国证监会行业分类指引对样本企业进行的分类，其中制造业企业按照二级分类标准进行分类。

3.2.3 OJN 模型

OJN 模型是由 Ohlson 和 Juetner-Nauroth（2005）提出的。该模型通过假设企业的长期增长率等于宏观经济长期稳定的增长水平，以及股利分配率维持不变，在获得当前股票价格以及分析师对企业未来两年盈余预测的情况下，就可以通过一系列的数学推导将权益资本成本从股利贴现模型中分解出来，其得到的权益资本成本计算公式基本形式如式（3-8）所示。

$$r_{\text{OJN}} = A + \sqrt{A^2 + \frac{\text{Feps}_1}{P_0}(g_2 - (\gamma - 1))} \qquad (3\text{-}8)$$

其中：$A = \frac{1}{2}((\gamma - 1) + \frac{\text{dps}_1}{P_0})$，$\text{dps}_1$ 是企业 $t+1$ 年的股利分配，$\text{dps}_1 = \text{div} \times \text{Feps}_1$；$g_2$ 是企业盈余的短期增长率，$g_2 = \frac{\text{Feps}_2 - \text{Feps}_1}{\text{Feps}_1}$；$\gamma-1$ 是企业的长期增长率，也被认为是企业面临的永续增长率，该增长率反映的是整个经济在一个相当长时期内的平均增长水平，本书令 $\gamma-1$ 等于 5%。Gode 和 Mohanram（2003）认为由于计算简单，以及不需要对未来的增长率、股利支付率和"干净盈余"做出假设，OJN 模型所计算出的权益资本成本是比较稳健的（Gode et al., 2003）。

3.2.4 PEG 模型

PEG 模型由 Easton（2004）提出，其基本形式如式（3-9）所示。

$$r_{\text{PEG}} = \sqrt{\frac{\text{Feps}_2 - \text{Feps}_1}{P_0}} \qquad (3\text{-}9)$$

从形式上看 PEG 模型是 OJN 模型的一个特例，即当 $\text{dps}_1 = 0$ 和 $\gamma = 1$，即企业没有股利分配，并且预测期以外的企业长期增长率为 0，OJN 模型就等于 PEG 模型。

本书将使用上述基于事前期望回报率的权益资本成本度量模型，分别计算出各个模型下的权益资本成本度量值 r_{CT}、r_{GLS}、r_{OJN}、r_{PEG}，再以这四个值的平均值作为本书权益资本成本的最终度量，记为 R_e。

3.3 我国上市公司权益资本成本的估计

3.3.1 样本选择与数据来源

本书的初始样本包括 2005—2022 年上海和深圳证券市场的所有上市公司，然后根据如下原则进行筛选：①由于金融保险类上市公司与一般上市公司的财务特征和会计制度存在差异，剔除了金融保险行业的上市公司；②剔除 ST、PT 类财务状况异常的公司；③公司同时发行 A 股和 B 股或 H 股会影响公司股票价格的确定，进而影响权益资本成本的计算，因此剔除同时发行 B 股或 H 股的公司，保留仅发行 A 股的公司；④由于 OJN 模型需要 $Feps_1$ 和 $Feps_2$ 大于 0，所以剔除了 $Feps_1 \leqslant 0$ 和 $Feps_2 \leqslant 0$ 的样本。

本书所用的分析师预测数据来源于锐思数据库，公司财务数据来源于国泰安数据库。P_0 表示期初的股票价格，该领域的研究通常以当年 7 月初为时间点来计算权益资本成本，而以当年 6 月末的收盘价表示期初的股票价格（Claus et al.，2001；Gebhardt et al.，2001）。鉴于我国股市存在显著的"一月效应"，年末股票价格比较容易出现大起大落的现象（蒋先玲等，2012；陆磊 等，2008；张兵，2005）。为了避免这种价格波动对权益资本成本估计的影响，同时也为了与权益资本成本度量模型的相关研究保持一致（Claus et al.，2001；Gebhardt et al.，2001），本书也选择以当年 7 月初为时间点来计算公司权益资本成本，所以 P_0 也用当年 6 月末的股票收盘价来表示。企业期初的每股净资产 B_0 以上年期末值表示。分析师对企业 $t+1$ 和 $t+2$ 年的每股收益预测值，以当年 6 月该公司股票收盘日期之前所有分析师对企业 $t+1$ 和 $t+2$ 年预测每股收益的平均值表示。其他变量的计算过程如上文所述。

表 3-1 是计算权益资本成本各变量的描述性统计，该统计包括了每个变量从 2005—2022 年能搜集到的所有值。P_0 是计算权益资本成本的一个关键变量，本书所选择的四个模型都需要用到它，从表 3-1 可以看出，样本

期间共 21 658 家企业具有当年 6 月末的收盘价，其均值为 20.17。从表 3-1 还可以看出，样本期间观测个数最少的变量是 $FROE_3$，它只有 18 548 个观测值，这是因为 $FROE_3$ 是由 $Feps_3/B_2$ 计算得到的，$Feps_3$ 是分析师对企业未来第 3 年的每股收益预测值，而 B_2 是企业未来第 2 年末的每股净资产，它们都是估计值，并且也存在较多的缺失，从而使得 $FROE_3$ 也有较多的缺失值，而 $FROE_3$ 是 CT 模型和 GLS 模型的一个重要的输入变量，它的观测值较少，直接导致由 CT 模型和 GLS 模型估计出的权益资本成本样本数量较少，这也是导致本书最终计算出的权益资本成本样本数量较少的一个主要原因。

表 3-1 计算权益资本成本的各变量的描述性统计

变量	观测个数	均值	最小值	25 分位	中位数	75 分位	最大值	标准差
P_0	21 658	20.17	1.260 0	8.23	13.34	22.35	2 056.70	35.21
$Feps_1$	21 658	0.78	0.001 0	0.34	0.58	0.95	49.57	1.06
$Feps_2$	21 658	1.02	0.007 5	0.44	0.75	1.22	58.15	1.32
$FROE_1$	20 616	0.14	0.000 2	0.09	0.13	0.18	2.94	0.10
$FROE_2$	20 616	0.17	0.002 9	0.11	0.15	0.21	2.22	0.10
$FROE_3$	18 548	0.19	0.003 9	0.12	0.17	0.23	1.66	0.10
$FROE_{12}$	20 573	0.08	0.042 6	0.07	0.08	0.08	0.31	0.02
div	21 658	0.36	0.011 3	0.24	0.33	0.45	1.00	0.16
B_0	20 616	5.36	0.110 0	3.19	4.50	6.46	150.88	3.83
B_1	20 616	5.86	0.155 9	3.46	4.90	7.05	180.47	4.37
B_2	20 616	6.51	0.192 0	3.80	5.41	7.85	215.18	5.09
ltg	19 090	0.23	-0.567 4	0.14	0.21	0.29	5.01	0.16

3.3.2 权益资本成本的度量结果分析

3.3.2.1 各度量值的描述性统计分析

本书采用 CT 模型、GLS 模型、OJN 模型和 PEG 模型对样本企业的权益资本成本进行了实际估计。在这四个模型中，OJN 模型和 PEG 模型的计算相对简单，直接将相关变量的数值代入模型，通过简单的数学运算便可得到结果，而 CT 模型和 GLS 模型涉及复杂的非线性方程求解，难以通过解方程的方法找到其精确解，只能寻找其近似解。因此，本书运用 stata 软件，采用迭代法对 CT 模型和 GLS 模型进行求解，并将误差控制在 10^{-4} 以内。根据各个模型最终计算结果，本书剔除了权益资本成本度量模型无最优解或解的值小于 0 或大于 1 的样本。各个模型计算出的权益资本成本度量值的基本统计如表 3-2 所示。

表 3-2　各模型权益资本成本度量值的描述性统计

变量	观测个数	均值	最小值	25 分位	中位数	75 分位	最大值	标准差
Panel A 以各自样本进行统计								
变量	观测个数	均值	最小值	25 分位	中位数	75 分位	最大值	标准差
r_{GLS}	8 872	0.077 2	0.011 4	0.068 5	0.086 9	0.115 5	0.150 2	0.011 6
r_{CT}	16 092	0.085 4	0.008 8	0.055 2	0.079 2	0.108 3	0.538 5	0.042 1
r_{OJN}	21 658	0.138 6	0.031 8	0.110 7	0.134 2	0.160 3	0.646 0	0.041 9
r_{PEG}	21 651	0.110 5	0.000 0	0.084 0	0.106 6	0.131 6	0.615 1	0.040 1
Panel B 以相同的样本进行统计								
变量	观测个数	均值	最小值	25 分位	中位数	75 分位	最大值	标准差
r_{GLS}	7 514	0.078 2	0.011 4	0.068 6	0.086 8	0.116 6	0.151 2	0.011 6
r_{CT}	7 514	0.063 7	0.008 8	0.044 0	0.061 1	0.079 5	0.279 7	0.028 2
r_{OJN}	7 514	0.123 2	0.033 3	0.104 8	0.121 5	0.139 2	0.474 0	0.029 1
r_{PEG}	7 514	0.095 5	0.000 0	0.077 5	0.094 1	0.111 3	0.444 6	0.028 6
R_e	7 514	0.079 9	0.024 9	0.065 2	0.079 0	0.092 9	0.247 7	0.021 2

表 3-2 的 Panel A 展示的是四个模型计算结果在没有进行配对的情况下，以各自样本进行的统计。从表 3-2 中可以看出，以 PEG 模型和 OJN 模型计算的权益资本成本的样本数量最多，分别有 21 651 和 21 658 家企业，这是因为这两个模型对数据输入的要求较少，并且其计算过程也相对简单，所以它们能最大范围地对样本企业的权益资本成本进行估计。而 CT 模型和 GLS 模型需要输入的数据较多，并且计算过程复杂，从而大大减少了它们的有效估计结果，由这两个模型计算的权益资本成本样本企业数量远小于由 PEG 模型和 OJN 模型估计的样本数量。从样本企业的权益资本成本的估计结果来看，由 GLS 模型计算出的权益资本成本最小，r_{GLS} 均值为

7.72%，最大值为15.02%，其波动也比较小，r_{GLS}的标准差为0.011 6。由OJN模型计算出的权益资本成本最大，r_{OJN}均值为13.86%，最小值为3.18%，最大值为64.60%。该结果与Hail和Leuz（2006）的发现比较一致。Hail和Leuz（2006）也发现由GLS模型计算出的权益资本成本最小，OJN模型计算出的权益资本成本最大。

如上文所述，本书将以CT模型、GLS模型、OJN模型和PEG模型估计结果的平均值作为本书权益资本成本的最终估计值R_e，因而本书进一步将样本限定为同时拥有r_{GLS}、r_{CT}、r_{OJN}、r_{PEG}这四个估计结果的企业，最终得到7 514家样本企业。以相同样本对r_{GLS}、r_{CT}、r_{OJN}、r_{PEG}、R_e进行的统计结果如表3-2的Panel B所示。以相同样本来看，仍然是GLS模型的估计结果最低，OJN模型的估计结果最高。而本书权益资本成本的最终估计结果R_e的均值为7.99%，取值范围在2.49%到24.77%之间，且R_e度量的权益资本成本，波动也比较小，其标准差为0.021 2。

3.3.2.2　各度量值的年度变化特征分析

图3-1展示了权益资本成本各度量值的年度变化趋势，从中可以看出，r_{CT}、r_{GLS}、r_{OJN}、r_{PEG}的年度变化趋势基本一致，企业权益资本成本波动比较大的年份主要有2008年、2016年，从图中还可以看出，由OJN模型度量的权益资本成本值最大，位于图中最上部，由GLS模型度量的权益资本成本值最小，位于图中最下部。由于取平均值，所以R_e的年度变化趋势与其他模型也基本一致，并且R_e位于图的中间部位。

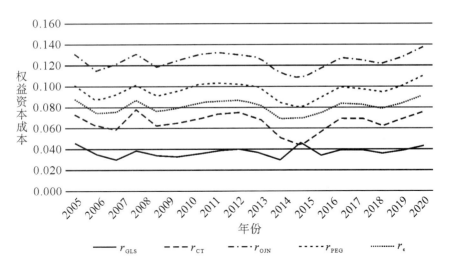

图 3-1　权益资本成本各度量值的年度变化趋势

3.3.2.3　各度量值的行业特征分析

图 3-2 展示了权益资本成本各度量值的行业分布特征,从中可以看出 r_{CT}、r_{GLS}、r_{OJN}、r_{PEG} 的行业特征基本一致。不同行业的权益资本成本存在一些差别,其中科学研究和技术服务业的权益资本成本相对较大,其次是房地产业,农林牧渔业和住宿、餐饮业的权益资本成本相对较小,与图 3-1 相似,由于 r_{OJN} 的平均值最大,因而位于图中最上部,而 r_{GLS} 的平均值最小,因而位于图中最下部。r_{CT}、r_{GLS}、r_{OJN}、r_{PEG} 取平均值后 R_e 的值也处于中间水平,R_e 的行业特征也秉承了 r_{CT}、r_{GLS}、r_{OJN}、r_{PEG} 这四个值的特征。

3.3.2.4　各度量值的相关性分析

表 3-3 是权益资本成本各度量值之间的相关系数矩阵。从中可以看出 r_{CT}、r_{GLS}、r_{OJN}、r_{PEG} 这四个度量值之间具有较高的相关性,其中 r_{OJN} 与 r_{PEG} 的相关性最高,达到了 99.03%,正如前文所述,PEG 模型是 OJN 模型的一种特殊情况,因而由这两个模型计算出的权益资本成本之间的相关性水平也较高。r_{CT}、r_{GLS}、r_{OJN}、r_{PEG} 与 R_e 之间也具有较高的相关性水平。其中 r_{OJN}、r_{PEG} 与 R_e 的相关性水平比较高,其相关系数都达到了 90% 以上,而 r_{GLS} 与 R_e 的相关性水平最低,其相关系数只有 65.35%。该结果与 Hail 和 Leuz(2006)以及 Boubakri 等(2012)的发现是一致的,Hail 和 Leuz

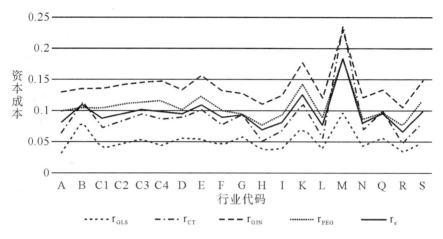

图 3-2　权益资本成本各度量值的行业分布特征

注：A-农、林、牧、渔业；B-采矿业；C1~C4-制造业；D-电力、热力、燃气及水生产和供应业；E-建筑业；F-批发和零售业；G-交通运输、仓储和邮政业；H-住宿和餐饮业；I-信息传输、软件和信息技术服务业；K-房地产业；L-租赁和商务服务业；M-科学研究和技术服务业；N-水利、环境和公共设施管理业；O-居民服务、修理和其他服务业；P-教育；Q-卫生和社会工作；R-文化、体育和娱乐业；S-综合。

（2006）曾指出 r_{GLS} 与 R_e 的相关性水平较低是由于 GLS 模型比其他模型拥有较长的预测期间以及它融合了企业所在行业的信息，从而使 r_{GLS} 呈现出与其他模型不一样的特征。

表 3-3　权益资本成本各度量值的相关系数

变量	r_{GLS}	r_{CT}	r_{OJN}	r_{PEG}	R_e
r_{GLS}	1				
r_{CT}	0.619 6 ***	1			
r_{OJN}	0.438 3 ***	0.600 4 ***	1		
r_{PEG}	0.486 1 ***	0.612 3 ***	0.990 3 ***	1	
R_e	0.653 5 ***	0.826 7 ***	0.934 1 ***	0.944 4 ***	1

注：*** 表示在 1% 的统计水平上显著。

3.4　本章小结

权益资本成本是本书后续一系列研究的被解释变量，本章在对权益资本成本度量问题的相关研究成果进行总结的基础上，参考 Hail 和 Leuz（2006）、Chen 等（2009）、Boubakri 等（2012）的研究方法，以 CT 模型、GLS 模型、OJN 模型以及 PEG 模型计算出的权益资本成本均值对本书样本企业的权益资本成本进行度量，得到 R_e。从计算结果来看，R_e 的取值范围在 2.49% 到 24.77% 之间，符合理论与经济预期，同时，R_e 与 r_{CT}、r_{GLS}、r_{OJN}、r_{PEG} 高度相关，并且保持了 r_{CT}、r_{GLS}、r_{OJN}、r_{PEG} 对企业权益资本成本的度量的基本特征。由此可见，以 R_e 作为企业权益资本成本的度量，既能保留 CT 模型、GLS 模型、OJN 模型以及 PEG 模型对权益资本成本刻画的特征，又能避免单一模型的在估计权益资本成本过程中产生的偏误。在本书的后续研究中，将直接以 R_e 作为权益资本成本的度量值。

4 分析师预测意见分歧与权益资本成本

4.1 引言

分析师预测意见分歧是指分析师对特定企业盈余预测不一致的现象。它反映了不同分析师对同一家企业盈余预测值的离散程度，意见分歧越大，表明不同分析师对企业盈余预测值的差异越大。学术界对分析师意见分歧到底是反映了分析师之间的不同观点还是反映了分析师对企业信息不确定这一问题，一直存在争议（Qu et al.，2003）。一些学者认为分析师意见分歧是由分析师之间的异质信念造成的，例如，一些分析师表现得更加乐观，而另一些分析师表现得更加悲观，从而导致了不同的预测结果（Miller，1977；Diether et al.，2002）。还有一些学者则认为分析师意见分歧反映的是分析师对企业未来收益估计的不确定，它度量的是企业的一种信息风险，并且会受到企业信息不对称的影响（Lang et al.，1996；Qu et al.，2003）。

不管分析师意见分歧到底是反映了分析师的异质信念，还是反映了分析师对企业信息的不确定，一系列围绕分析师意见分歧与股票价格或回报率之间关系的研究表明，分析师意见分歧向市场传递了一些重要信息，并且能对股票价格或回报率产生显著的影响（Ackert et al.，1997；Diether et al., 2002；Dische，2002；Qu et al.，2003；Athanassakos et al.，2003）。信息不对称是影响公司权益资本成本的一个重要因素（Botosan，1997；Botosan et al.，2002；Easley et al.，2004），作为市场信息中介的财务分析师，其跟踪预测行为在降低企业信息不对称，进而降低公司权益资本成本的过程中发挥了重要作用（Bowen et al.，2008；He et al.，2013），而分析师意见分歧是分析师对企业进行预测的过程中所体现的一个普遍特征，具有信息含量的分析师意见分歧会对公司权益资本成本产生怎样的影响呢？有学者对此展开了研究，但却得出完全相反的结论，Bowen 等（2008）、He 等（2013）在他们的研究中，认为分析师意见分歧反映了企业的信息风险，它与权益资本成本显著正相关；而 Gebhardt 等（2001）的研究结果却显示它与权益资本成本负相关，但是他们并没有对这种负相关关系做出合理的解释。鲍新中等（2023）研究发现知识产权自愿性信息披露能够显著降低上市公司的股价崩盘风险，而这种关系在非国有企业和制造业企业中更为显著。分析师预测分歧度在知识产权自愿性信息披露与股价崩盘风险之间发挥显著的中介作用。由此可见，分析师意见分歧到底会对权益资本成本产生怎样的影响？这仍然是理论界存在的一个悬而未决的问题。

随着我国分析师队伍的扩大，分析师向市场提供了大量的盈余预测信息，每个企业每年平均面临的盈余预测次数最少有 8 次，最多则达到了 31 次①，众多的预测信息并不完全一致，而是普遍存在意见分歧。分析师意见分歧作为分析师预测的一个显著特征，在我国特殊的市场经济环境中，它到底是反映了分析师之间的异质信念，还是反映了对企业信息的不确定呢？基于不同的信息含量，分析师意见分歧与权益资本成本之间的关系会表现出怎样的特征呢？目前鲜有文献对此问题展开研究。因此，本章将从分析师预测意见分歧的双重特征出发，对分析师意见分歧的信息含量进行讨论，进而对分析师预测意见分歧与公司权益资本成本之间的关系展开理论分析和实证检验，以丰富现有研究成果。

---

① 该数据根据锐思数据库记录的分析师预测数据整理得到，详见本书绪论部分的表1-1，每个企业每年平均面临的盈余预测次数由当年盈余预测次数除以当年被跟踪的公司数量计算得出。

4.2 分析师预测意见分歧对权益资本成本影响的理论分析

4.2.1 分析师意见分歧的异质信念特征与权益资本成本

那些把分析师意见分歧看作分析师之间存在的异质信念的观点认为，分析师意见分歧与企业的信息风险无关，它产生的原因是分析师对企业未来的经营状况、盈利能力等持不同的态度，有的乐观，有的悲观，从而导致他们对企业未来盈余做出了不同的预测，而分析师之间的意见分歧最终会导致股票价格被高估，以及降低企业未来回报率（Miller，1977；Diether et al.，2002）。Ciccone（2003）指出分析师通常是在对企业利空消息的反映上产生分歧，Sadka 和 Scherbina（2007）认为分析师具有发布乐观性预测的动机，他们不愿意披露企业的利空消息，因此这些消息最初并不能完全反映到股票价格中，其结果是导致股价被高估。分析师意见分歧导致股票价格被高估这种现象在短期内并不会消失，因为只有当更多的信息释放到市场上，企业未来的收益比较确定的情况下，股票价格被高估的现象才会消失（Sadka et al.，2007）。

还有一些学者把分析师意见分歧看作投资者之间存在的异质信念，它反映的是市场上乐观性投资者和悲观性投资者对企业价值估计所产生的差异。Miller（1977）最早指出在卖空限制约束下，股票价格仅仅反映了市场上乐观性投资者的意见，这是因为悲观性的投资者不愿意参与股票交易，乐观性的投资者觉得股票价值被低估而增加对股票的购买。由于这些分歧的存在，其结果是乐观性投资者对股票的追逐行为导致了股票价格被高估。Diether 等（2002）（以下简称 DMS）基于 Miller（1977）的乐观性股价模型（price-optimism model），以分析师盈余预测意见分歧代表投资者的异质信念，通过构建投资组合的方式也证明，当企业面临较大的分析师意见分歧时，其股价就越有可能被高估，从而降低了其未来的回报率。DMS 还指出 Gebhardt 等（2001）（以下简称 GLS）在研究中也发现分析师意见分歧与基于剩余价值贴现模型估计出的权益资本成本之间负相关。该结论与他们的结论是一致的，只不过 GLS 把分析师意见分歧看作一种风险因素是不恰当的，这也是 GLS 没有对这二者之间的负相关关系展开解释的原因。如果把分析师意见分歧视作一种异质信念，就能很好地解释这种负相关关系。分析师意见分歧会导致股票价格被高估以及降低企业未来回报率这一观点也得到了其他学者研究的证实，例如，Ackert 和 Athanassakos（1997）指出在年初买入低分歧的股票并卖出高分歧的股票可以获得正的超额回报率；而 Dische（2002）发现对于低分歧的股票采用盈余惯性策略能够得到正的超额回报；Ciccone（2002）也发现每年 6 月 30 日卖出高分歧的股票，买入低分歧的股票并持有 12 个月，可以获得与企业规模和账面市值比无关的并且显著为正的超额回报率。姚禄仕和颜磊（2017）研究发现，分析师对企业盈余预测误差受到企业的声誉和券商的声誉的共同影响，企业的声誉越高，券商的声誉越高，分析师的预测误差越小，而且没有证据支持分析师对高声誉企业做出过于乐观的预测。李双燕（2016）对在美国上市的中国企业其盈利表现是否受到国际分析师关注的影响进行了实证研究。研究结果表明，分析师关注数量对公司盈利无显著影响，分析师高推荐评级度与公司的盈利能力有正相关关系。

由此可见，一方面，不论是把分析师意见分歧看作分析师之间的异质信念还是投资者之间的异质信念，由于该异质信念的存在，企业当前的股票价格都有可能被高估，其结果是降低了企业未来的回报率。这意味着企业能以高于其真实价值的股票价格筹集到其发展所需的资金，从而降低了其资本成本。另一方面，权益资本成本是投资者对投资的公司股票所期望得到的回报率水平，它反映的是企业未来回报率的期望值，与企业未来实际回报率存在较强的正相关关系（毛新述 等，2012；Easton et al.，2005），而分析师意见分歧与企业未来回报率负相关，因此，不难得出分析师意见分歧与权益资本成本也存在负相关的关系。综上所述，本章提出以下假设：

H 4-1：如果分析师意见分歧反映的是市场上存在的异质信念，而非企业面临的信息风险，那么，它可能会推高股票的市场价格，从而降低公司的权益资本成本，因此它与权益资本成本负相关。

4.2.2 分析师意见分歧的信息不确定特征与权益资本成本

Qu 等（2003）认为分析师意见分歧反映了分析师对企业未来盈余估计的不确定，它度量了与企业信息有关的风险，因此，他们指出当股票拥有较高的分析师意见分歧时，企业可能会面临较高的市场风险或者是与公司规模和账面市值比有关的风险，较高的风险导致了投资者在进行投资决策时提高了对公司股票的期望回报率，他们的实证结果也表明分析师意见分歧与企业未来的期望回报率之间存在显著的正相关关系。Bowen 等（2008）则认为较低的分析师意见分歧能够降低投资者与企业之间的信息不对称，因此较小的意见分歧能显著降低股票再融资的融资成本。Gebhardt 等（2001）认为分析师意见分歧刻画了企业收益的波动性，意见分歧越大，企业投资风险越高，因此他们认为分析师预测分歧应该与权益资本成本存在正相关关系，只不过他们的实证结果没有得到有利的证据。而 He 等（2013）对澳大利亚上市公司的研究也表明，分析师意见分歧反映了企业信息的不确定性，所以较小的意见分歧会导致企业面临较高的权益资本成本。

还有一些研究表明分析师意见分歧与企业信息不对称密切相关，因而分析师意见分歧的大小在一定程度上也反映了企业的信息不对称程度。例如，Lang 和 Lundholm（1996）针对美国资本市场以及白晓宇（2009）和公言磊（2010）针对中国资本市场分析师行为的研究就发现，企业的信息披露质量越高，分析师对企业的预测意见分歧越小，Bowen 等（2002）和 Lehavy 等（2011）也指出企业召开新闻发布会或者提高财务报告的可读性，都有助于分析师对企业信息的获取，从而减少其预测意见分歧。2015年上市公司信息披露监管模式由区域监管转向分行业监管，林钟高和朱杨阳（2021）研究了这一变更对分析师预测行为带来的影响。研究结果表明，分行业监管模式提高了分析师预测准确度，降低了分析师预测的分歧度，尤其对有行业信息披露指引的公司，这种影响更为明显。

综上所述，如果我国分析师在发布企业盈余预测信息时存在的意见分歧反映的是企业信息的不确定性，而不是分析师之间的异质信念，那么，基于分析师意见分歧与企业期望回报率之间的关系，以及分析师意见分歧与企业信息不对称的关系，本章提出以下假设：

H 4-2：如果分析师意见分歧反映了企业的信息不确定，它体现的是与企业信息有关的风险，那么，它应当与权益资本成本正相关。

很显然，H 4-1 和 H 4-2 是两个对立假设，因为分析师意见分歧存在双重特征，不同特征向市场传递了不同的信息含量，所以它会对权益资本成本产生不同的影响。而分析师意见分歧对企业的最终效果则取决于这两种特征力量的强弱，一种影响可能因为另一种影响的强大而被掩盖，所以最终表现为较强的因素的作用（Qu et al.，2003）。因此，本章构建了 H 4-1 和 H 4-2 这两个对立假设用于检验我国分析师预测分歧所体现的信息含量及其对权益资本成本的影响。

4.3 分析师预测意见分歧对权益资本成本影响的实证分析

4.3.1 变量选择与定义

4.3.1.1 被解释变量

权益资本成本是本书的被解释变量，本书第 3 章已对权益资本成本的度量进行了详细的介绍，并确定了本书权益资本成本的度量方法，即以 CT 模型、GLS 模型、OJN 模型以及 PEG 模型这四个模型计算出的权益资本成本均值 R_e 作为本书权益资本成本的代理变量。

4.3.1.2 解释变量

本章主要考察分析师意见分歧对权益资本成本的影响，因而本章的解释变量是代表分析师意见分歧的变量。对于分析师意见分歧的度量，学者们普遍采用分析师盈余预测值的标准差来构建相应的指标，具体过程为，首先计算分析师对企业每股收益预测值的标准差,其次利用股票价格对该标准差进行标准化处理,以其最终计算结果来表示跟踪企业的分析师对企业未来收益估计所存在的分歧程度。对标准差进行标准化处理是为了便于该指标在不同企业之间进行横向比较(Banerjee,2011;Athanassakos et al.,2003),例如,Qu 等(2003)、Athanassakos 和 Kalimipalli(2003)、Zhang(2006)、Banerjee(2011)以及 Loughran 和 McDonald(2014)在他们的文章中都分别采用该方法对分析师意见分歧进行了度量,其计算公式如式(4-1)所示。

$$\text{Dispersion} = \frac{\text{分析师每股票收益预测值的标准差}}{\text{上期末的股票收盘价}} \quad (4-1)$$

因此本书将借鉴他们的方法对本书选择的样本企业面临的分析师意见分歧进行度量。鉴于我国分析师针对第 T 年、$T+1$ 年以及 $T+2$ 年的企业每股收益虽然都会发布一些预测信息,但是,并不是每个分析师都同时针对这三年发布预测,更多分析师主要是针对第 T 年发布盈余预测。因此,本书在计算分析师每股收益预测值的标准差时,将以分析师对企业第 T 年每股收益预测值为依据,这样能包含更多的预测信息,从而更好地体现分析师意见分歧。另外,由于我国价值投资理念还没有深入人心,投资者往往更加关注分析师短期盈余预测信息,因此,与我国股票市场上投资者的信息关注特征一致,本书将主要从短期内对分析师意见分歧进行考察。具体地,以当年 6 月末以前 30 天、60 天、90 天以内跟踪企业的所有分析师对企业第 T 年每股收益预测值的标准差除以上年末的股票收盘价来表示分析师预测意见分歧,依次记为 Dispersion_30,Dispersion_60,Dispersion_90。

4.3.1.3 控制变量

国内外的相关研究表明,影响权益资本成本的因素很多,但是每篇文章所关注的焦点不一样,控制变量的选择也比较多样化,并没有统一的标准。但是这些文章中共同选择的控制变量主要有企业规模、市场风险 BETA 和企业账面市值比,它们被视为影响权益资本成本的三个最关键的因素,这也是 Fama 和 French(1993)三因素模型所指的三大因素,所以本书首先对它们对权益资本成本的影响进行了控制。除了上述三个主要的微观因素以外，本书还对影响权益资本成本的宏观因素进行了控制，即行业因素和年度因素，这两个因素在对权益资本成本影响因素的研究中也经常被作为控制变量加以考虑。因此，本书确定的控制变量主要有五个，它们是在对权益资本成本影响的相关研究中使用频率最高，也是影响权益资本成本最主要、最关键的因素。Hail 和 Leuz（2006）在著作中也曾只选择这五个控制变量对权益资本成本进行了研究，这就表明，若只选择这五个控制变量也足以反映相关的研究问题。下面将对这些变量的选择依据以及计算过程进行介绍。

（1）企业规模。Berk（1995）曾指出，除非模型包含所有的风险因素，否则，企业规模应该与期望回报率存在显著的负相关关系。Gode 和 Mohanram（2003）以及 Gebhardt 等（2001）将企业规模视作反映企业信息环境的一个指标，并且指出具有较大规模的企业其信息更容易被投资者获得，因而大规模企业拥有更高的信息透明度，而信息透明度的提高能显著地降低企业权益资本成本（Botosan，1997；Leuz et al.，2000；Botosan et al.，2002；Lambert et al.，2007）。所以本章将企业规模作为控制变量，对企业信息的可获得性进行控制，并预期它与权益资本成本负相关，本章用上年末企业市场价值取自然对数来度量企业规模，记为 Size。

（2）系统风险 β。CAPM 认为 β 反映了股票的系统风险，它应该与权益资本成本正相关（Lintner，1965；Mossin，1966；Sharpe，1964）。β 与权益资本成本之间的正相关关系也在大量的实证研究中得到了证实（Botosan et al.，2005；Gordon et al.，1997）。本书用截至当年 5 月末的 60 个月的公司个股回报率和市场回报率（至少需要 24 个月观察值），利用市场模型估计的 BETA 值来表示企业面临的系统风险，记为 Beta，并预期 Beta 与权益资本成本显著正相关。

（3）账面市值比。Porta 等（2002）指出账面市值比可能刻画了企业的成长机会，Joos 和 Lang（1994）又指出账面市值比也有可能刻画了企业的会计政策选择。高账面市值比反映了企业较少的成长机会，以及较低的会计稳健性，或者较高的风险，这种混合效应的存在导致很难判断它到底会对权益资本成本产生怎样的影响（Gordon et al.，1997）。但是基于先前的实证研究表明，账面市值比与权益资本成本存在显著的正相关关系（Botosan et al.，2005；Gordon et al.，1997；Hail 和 Leuz，2006）。因此，本书预期它与权益资本成本正相关。本书用企业上年末权益账面价值与市场价值之比表示企业的账面市值比，记为 Btm。

（4）行业效应。Fama 和 Frech（1997）以及 Gebhardt 等（2001）都曾指出不同行业的企业其权益资本成本存在显著的截面差异，这种差异可以被视为企业所面临的行业风险。Gebhardt 等（2001）指出来自高风险的行业，其权益资本成本也较高。由于行业因素在对权益资本成本影响因素的研究中经常被作为控制变量加以考虑（Chen et al.，2013；Hail et al.，2006；Gordon et al.，1997；Chen et al.，2009；苏忠秦 等，2012），所以本书也对企业的行业风险进行了控制。首先，本书按照中国证监会行业分类标准，将样本企业分为 19 个行业大类，其中的制造业包含的样本数量较多，并且制造业类不同行业的经营特征、产品特征等存在较大差异，企业的经营风险也存在较大差别，因而本书将制造业企业按照次级代码进行分类，其余行业按照初级代码进行分类，剔除金融行业后，共得到 21 个行业。其次，在回归分析中，本书通过构建虚拟变量 Industry 对企业的行业效应进行了控制。

（5）年度效应。早期的一些研究表明，市场的无风险利率、市场指数、未预期的通货膨胀、经济全球一体化程度、国家信用风险等宏观经济因素也会显著影响公司权益资本成本（Chen et al.，1986；Foerster et al.，1999；Hail et al.，2006；Berry et al.，1988）。为了控制这些宏观因素对权益资本成本的影响，除了直接对这些因素分别进行控制外，还有一种方法就是通过构建年度虚拟变量对其进行控制（Chen et al.，2009；Chen et al.，2013；Hail et al.，2006；苏忠秦 等，2012），Chen et al.（2009）采用年度虚拟变量对市场的无风险利率进行了控制，Hail 和 Leuz（2006）同样采用了年度虚拟变量对宏观经济环境进行了控制。因而本书也借鉴他们的研究方法，构建年度虚拟变量 Year 对影响权益资本成本的宏观因素进行控制，样本的年度区间为 2005—2022 年。

本章所使用的数据主要来自国泰安数据库和锐思数据库，为避免极端值对回归结果的影响，本章对所有连续变量首尾 1% 的值进行了 winsor 缩尾处理。

4.3.2 样本选择

本章的初始样本包括 2005—2022 年上海和深圳证券市场的所有上市公司，然后根据如下原则进行筛选：①由于金融保险类上市公司与一般上市公司的财务特征和会计制度存在差异，剔除了金融保险行业的上市公司；②剔除 ST，PT 类财务状况异常的公司；③公司同时发行 A 股和 B 股或 H 股会影响公司股票价格的确定，进而影响权益资本成本的计算，因此剔除同时发行 B 股或 H 股的公司，保留仅发行 A 股的公司；④剔除数据缺失或无法获得相关数据的公司，最终得到有效样本 7 137 家公司年度样本。样本分布如表 4-1 所示。

表 4-1 样本分布

年份	样本个数/个	占比/%
2005	256	3.59
2006	269	3.77
2007	352	4.93
2008	390	5.46
2009	420	5.88
2010	489	6.85
2011	461	6.46
2012	418	5.86
2013	352	4.93
2014	426	5.97
2015	478	6.70
2016	423	5.93

表4-1(续)

年份	样本个数/个	占比/%
2017	352	4.93
2018	390	5.46
2019	469	6.57
2020	450	6.31
2021	352	4.93
2022	390	5.46
总计	7137	100

4.3.3 变量的描述性统计

各变量的描述性统计见表4-2。

表4-2 各变量的描述性统计

变量	观测个数	均值	最小值	25 分位	中位数	75 分位	最大值	标准误
Re	7 137	0.098 9	0.024 9	0.065 2	0.092 5	0.116 8	0.247 7	0.021 2
Size	7 137	21.955 1	19.544 9	21.204 8	21.826 6	22.590 8	27.307 4	1.043 8
Beta	7 137	1.060 5	0.401 2	0.861 8	1.030 0	1.215 7	1.520 0	0.326 0
Btm	7 137	0.803 6	0.149 0	0.468 5	0.856 3	0.972 4	1.341 0	0.213 4
Dispersion_30	6 389	0.009 1	0.000 0	0.002 5	0.006 2	0.012 4	0.061 2	0.008 5
Dispersion_60	6 725	0.009 5	0.000 0	0.003 7	0.006 7	0.013 2	0.066 3	0.008 8
Dispersion_90	7 137	0.009 8	0.000 0	0.004 1	0.007 4	0.015 6	0.070 1	0.009 0

从表4-2中可以看出，样本企业的权益资本成本均值为 0.098 9，最小值为 0.024 9，最大值为 0.247 7。从不同时间段内的分析师意见分歧来看，Dispersion_30 均值最小，为 0.009 1，Dispersion_90 均值最大，为 0.009 8，这可能是因为分析师发布预测信息的时间相距越长，其进行预测的信息依据存在更大的变动，从而导致分析师预测信息的波动更大，因而我们可观察到随着计算分析师意见分歧的时间区间扩大，分析师意见分歧也在增大。另外，Dispersion_30、Dispersion_60、Dispersion_90 这三个变量的最小值都为 0，这主要是某些企业在相应时间段内只有一次分析师预测

数据，因而导致在计算分析师意见分歧变量时，其值为0。

表4-3是各变量的简单相关系数，从中可以看出，各变量之间不存在严重的多重共线性。在不同时间段内的分析师意见分歧对权益资本成本都具有显著影响，它们与权益资本成本之间的简单相关系数都显著为正，这表明分析师意见分歧越大，权益资本成本越高。Dispersion_30、Dispersion_60、Dispersion_90这三个变量高度相关，这是因为它们代表不同时间段内的分析师意见分歧，在本质上它们是一致的。由于在后面的回归分析中并不会同时使用这三个变量，所以它们之间高度相关并不会对后面的回归分析产生影响。

表4-3 各变量的简单相关系数

变量	Re	Size	Beta	Btm	Dispersion_30	Dispersion_60
Size	0. 302 1 ***					
Beta	0. 057 9 ***	−0. 131 ***				
Btm	0. 121 3 ***	−0. 040 1 *	0. 082 4 ***			
Dispersion_30	0. 187 5 ***	0. 022 1	0. 181 2 ***	0. 421 5 ***		
Dispersion_60	0. 195 6 ***	0. 008 7	0. 153 2 ***	0. 521 3 ***	0. 936 5 ***	
Dispersion_90	0. 216 4 ***	0. 016 8	0. 146 5 ***	0. 486 7 ***	0. 857 8 ***	0. 941 2 ***

注：*、**、***分别表示在10%、5%、1%的统计水平上显著。

4.3.4 实证结果与分析

4.3.4.1 单变量分析

在进行多元回归分析之前，本章对分析师意见分歧对权益资本成本的影响先进行了单变量检验。每年按照分析师意见分歧的平均水平将样本企业分为两组，即意见分歧高的组和意见分歧低的组，比较这两组之间权益资本成本均值及中位数是否存在差异，结果如表4-4所示。

从表4-4可以看出，以过去30天、60天、90天为计的分析师意见分歧将样本企业分为高意见分歧和低意见分歧两组，分析师意见分歧高的组的权益资本成本均值和中位数都显著高于分析师意见分歧低的组，且显著性水平都在1%。这表明高意见分歧的企业比低意见分歧的企业面临更高的权益资本成本，意见分歧与权益资本成本存在显著的正相关关系。这与本章的 H 4-2 是一致的，也初步印证了分析师意见分歧具有信息风险的特征，分析师意见分歧越大，反映了企业信息透明度较低，或者体现了企业未来盈余预测具有较大的不确定性，从而导致企业面临更高的权益资本成本。本章将进一步通过多元回归分析的方法对此进行检验。

表 4-4 单变量分析

变量	Re 均值			Re 中位数		
	意见分歧高	意见分歧低	T test（t 统计量）	意见分歧高	意见分歧低	Wilcoxon test（z 统计量）
Dispersion_30	0.121 5	0.095 6	16.23***	0.118 1	0.090 2	17.21***
Dispersion_60	0.122 3	0.094 2	17.15***	0.116 4	0.091 3	16.84***
Dispersion_90	0.123	0.093 7	21.03***	0.119 2	0.091 7	18.96***

注：*** 表示在 1% 的水平上显著。

4.3.4.2 多变量分析

为了进一步检验分析师意见分歧对权益资本成本的影响，本章构建了如下多元回归模型，在控制相关变量的基础上，实证考察分析师意见分歧对权益资本成本的影响：

$$R_{e\ it} = \alpha_0 + \beta_1 \text{Dispersion}_{it} + \beta_2 \text{Size}_{it} + \beta_3 \text{Beta}_{it} + \beta_4 \text{Btm}_{it}$$
$$+ \delta \sum_{t=1}^{t=8} \text{year}_{it} + \gamma \sum_{j=1}^{j=21} \text{Industry}_{ij} + \varepsilon_{it} \qquad \text{模型（4-1）}$$

其中，R_e 是公司权益资本成本，Dispersion 代表分析师意见分歧，即本章以过去 30 天、60 天、90 天的分析师预测信息计算所得到的，代表不同时间段内分析师预测意见分歧的三个变量：Dispersion_30、Dispersion_60、Dispersion_90。Size 是企业规模，Beta 是企业的市场风险，Btm 是企业的账面市值比，year 和 industry 分别是年度和行业变量，各变量的定义如前文所述。ε 为误差项，α 为常数项，β 为回归系数，δ 和 γ 为回归系数向量。本章采用 2005—2012 年的非平衡面板数据对模型（4-1）进行估计，估计结果如表 4-5 所示。

表4-5　分析师意见分歧对权益资本成本的回归结果

变量	第1栏	第2栏	第3栏	第4栏	第5栏	第6栏
Dispersion_30	0.281 3 ***			0.242 5 ***		
	(5.12)			(4.56)		
Dispersion_60		0.236 4 ***			0.247 2 ***	
		(3.96)			(3.28)	
Dispersion_90			0.269 2 ***			0.284 7 ***
			(3.76)			(4.12)
Size				0.007 5 ***	0.007 8 ***	0.006 3 ***
				(5.01)	(5.48)	(5.23)
Beta				−0.009 8 **	−0.011 2 ***	−0.011 6 ***
				(−2.40)	(−2.87)	(−2.84)
Btm				0.008 6 *	0.008 9 **	0.009 4 **
				(1.86)	(2.01)	(2.05)
常数项	0.123 0 ***	0.132 5 ***	0.119 5 ***	−0.037 9	−0.036 5	−0.031 8
	(8.10)	(10.28)	(9.74)	(−0.95)	(−0.79)	(−0.51)
年度效应	yes	yes	yes	yes	yes	yes
行业效应	yes	yes	yes	yes	yes	yes
样本量	6 389	6 725	7 137	6 389	6 725	7 137
调整 R^2	0.301	0.278	0.264	0.31	0.287	0.272

注：*、**、***分别表示在10%、5%、1%的统计水平上显著。

从表4-5可以看出，控制变量 Size 与权益资本成本显著正相关，市场风险 Beta 与权益资本成本显著负相关，这与理论预期并不一致，但是该现象在以中国为背景的权益资本成本的相关研究中也曾被观察到，例如沈艺峰等（2005）、沈红波（2007）、肖珉和沈艺峰（2008）在对权益资本成本影响因素的实证研究中，都曾发现企业规模与权益资本成本存在显著的正相关关系，而 Beta 与权益资本成本要么不相关，要么存在显著的负相关关系。这可能是中国特殊的制度背景导致我国证券市场存在一些与其他国家不同的特征，这不是本章关注的焦点，因此不再展开论述。表4-5中账面市值 Btm 与权益资本成本显著正相关，这与理论预期是一致的，也与中国企业的现有研究结论一致，在沈艺峰等（2005）、沈红波（2007）、肖珉和沈艺峰（2008）的研究中，也都发现 Btm 与权益资本成本显著正相关。

表 4-5 中第 1、2、3 栏是指控制行业和年度效应的回归结果，第 4、5、6 栏是同时控制 Size、Beta、Btm 以及行业和年度效应的回归结果，从这些回归结果可以看出，分析师意见分歧 Dispersion_30、Dispersion_60、Dispersion_90 的系数都在 0.25 左右，且都显著为正。这表明分析师意见分歧与权益资本成本正相关，不仅在统计上显著，而且还具有显著的经济意义。分析师意见分歧对权益资本成本具有重要的影响。另外从回归结果的 R^2 来看，第 1 栏和第 4 栏的回归 R^2 最高，这表明 Dispersion_30 比 Dispersion_60 和 Dispersion_90 能更多地解释权益资本成本的变异。这与我国投资者的投资行为及信息关注方式有较大的关系，投资者往往更加关注短期投资信息。就分析师预测信息而言，最近 30 天的信息比最近 60 天甚至 90 天的信息会得到投资者更多的关注，相应地，以过去 30 天计算的分析师预测意见分歧具有更高的信息价值，所以 Dispersion_30 对权益资本成本的影响力也就更大。

由于一些样本企业在本章考察分析师意见分歧的时间段内只有一次分析师预测信息，这会导致计算出的分析师意见分歧为 0，如表 4-2 所示。由本章的假设 2 可知，分析师意见分歧为 0 表示分析师对企业预测意见比较一致，反映了企业信息透明度较高。显然，只有一次预测信息导致的意见分歧指标为 0，并不是表明企业信息透明度高，相反，可能正是企业信息透明度低，分析师难以对企业未来盈余做出合理的预测，从而导致分析师对企业发布的盈余预测频率较低。因此本章重新对样本企业进行筛选，将样本企业控制为在过去 30 天内拥有 2 位以上的分析师跟踪的企业，并重新对模型 4-1 进行了估计，结果如表 4-6 所示。表 4-6 中各回归结果的 R^2 都比表 4-5 中的高，这意味着，将分析师跟踪人数控制在 2 位以上，提高了回归模型的解释力。各变量的回归结果也与表 4-5 的结论一致，分析师意见分歧 Dispersion_30、Dispersion_60、Dispersion_90 仍然与权益资本成本显著正相关。

表 4-6　分析师意见分歧对权益资本成本的子样本回归结果

（以分析师跟踪人数大于 2 的企业为样本）

变量	第1栏	第2栏	第3栏	第4栏	第5栏	第6栏
Dispersion_30	0.252 3**			0.221 4***		
	(2.52)			(2.79)		
Dispersion_60		0.220 7***			0.245 9***	
		(3.00)			(3.21)	
Dispersion_90			0.263 7***			0.272 5***
			(3.37)			(3.48)
Size				0.007 0***	0.007 3***	0.009 6***
				(3.21)	(3.84)	(3.83)
Beta				−0.010 0**	−0.009 7**	−0.011 2***
				(−2.45)	(−2.49)	(−3.02)
Btm				0.01	0.007 6*	0.008 3**
				(1.16)	(1.75)	(2.02)
常数项	0.097 2***	0.132 0***	0.132 1***	−0.047 8	−0.025 7	−0.034 9
	(5.25)	(9.19)	(9.41)	(−0.96)	(−0.60)	(−0.74)
年度效应	yes	yes	yes	yes	yes	yes
行业效应	yes	yes	yes	yes	yes	yes
样本量	5 435	5 989	6 529	5 435	5 989	6 529
调整 R^2	0.322	0.299	0.285	0.331	0.308	0.293

注：*、**、*** 分别表示在 10%、5%、1% 的统计水平上显著。

上述实证分析充分支持本章的假设 H 4-2，而拒绝假设 H 4-1，即本章证明我国分析师意见分歧主要体现了分析师对企业收益估计的不确定性，它反映了企业的信息不对称程度，而不是体现了分析师对企业收益估计所存在的异质信念。分析师意见分歧与公司权益资本成本显著正相关，该结论没有支持 DMS 的观点。这也验证了一些学者对分析师意见分歧的异质信念论的质疑，例如，Johnson（2004）曾明确指出 DMS 把分析师意见分歧看成是投资者之间的异质信念，进而得出其与股票回报率之间的结论是错误的；而 Doukas 等（2006）也得出了与 Miller（1977）相反的结论，他们指出并不是高的意见分歧导致股价被高估，相反，股价被高估与较低的分析师意见分歧有关，并且还受到分析师预测是否乐观的影响。

本章的实证结果支持了 Qu 等（2003）和 He 等（2013）关于分析师意见分歧与企业事前期望回报率的论述。由于分析师意见分歧主要体现了企业未来收益的不确定性，当企业面临较高的分析师意见分歧时，未来的收益可能具有较大的不确定性，收益的不确定增加了投资风险，所以投资者会提高对公司股票的期望回报率。这一结果使得公司的权益资本成本也随之增加。

在我国证券市场上，企业强制信息披露的历史较短，信息披露制度不够完善，许多企业存在信息披露不及时、信息披露真实性水平较低等现象，从而严重影响了分析师获取的信息质量。正如白晓宇（2009）对我国分析师预测信息质量的研究所表明的，我国分析师预测分歧主要受到企业信息不对称的影响，较高的信息不对称，导致分析师在发布预测信息时存在较高的意见分歧。郭杰和洪洁瑛（2009）也曾指出我国分析师对私人信息的高权重预测行为以及企业信息不对称，导致我国分析师预测信息一致性程度较低。由此可见，我国分析师预测意见分歧受企业信息不对称的影响，它主要反映了企业信息的不确定性，因而分析师意见分歧与权益资本成本之间表现为显著的正相关关系，较大的分析师意见分歧提高了投资者对企业的期望回报率，从而增加了公司的权益资本成本。

4.4 本章小结

本章从分析师预测意见分歧具有的双重特征出发，理论推演了分析师意见分歧对权益资本成本的影响途径，据此提出了两个对立假设。其一，分析师意见分歧反映了投资者之间的异质信念，它与权益资本成本负相关；其二，分析师意见分歧反映了企业信息的不确定性，它与权益资本成本正相关。本章利用中国 2005—2022 年上市公司为样本的企业数据，结合单变量和多变量分析方法，对这两个对立假设进行了实证检验，从而得出了分析师意见分歧对权益资本成本的影响模式，为分析师预测行为与公司权益资本成本之间的关系提供了实证证据。

本章的研究结果否定了假设 H 4-1，支持其对立假设 H 4-2，各种实证证据都表明我国分析师对企业未来收益估计中所存在的意见分歧主要反映了企业信息的不确定性，而不是分析师之间的异质信念。由企业信息不对称导致的分析师意见分歧与权益资本成本存在显著的正相关关系。分析师作为市场信息中介，他们的意见分歧不仅在统计意义上对企业权益资本成本具有显著影响，而且在经济意义对权益资本成本也有重要影响。分析师对企业盈余预测的意见分歧越大，越是增加了投资者对企业投资风险的估计，从而导致公司面临更高的权益资本成本。

5 分析师预测乐观性与权益资本成本

5.1 引言

在成熟的资本市场上，财务分析师通过向投资者提供盈余预测和投资评级等信息，加快了企业信息向市场的流转，在资本市场上扮演着重要的信息中介角色。然而在中国这样的新兴加转轨经济环境中，财务分析师这一行业从其诞生以来，股评家们就被冠以"庄托""黑嘴"这样的称呼，市场对其评价是贬多褒少。究其原因是，由于市场中存在诸多不规范的地方，在各种利益牵扯下，财务分析师往往站在"庄家"的立场对市场只报喜不报忧，其发布的盈余预测和投资评级普遍存在乐观倾向，企图以乐观性的预测误导投资者，为其背后的"庄家"谋利。虽然《中华人民共和国证券法》对证券从业人员不得提供、传播虚假或者误导投资者的信息作了详细的规定①，但是由于对分析师的过错难以认定，很难对其追究责任，因此，分析师"黑嘴"现象仍然屡禁不止（肖萌 等，2011）。随着我国分析师队伍的不断扩大，分析师向市场提供了大量的预测和评级信息，其市场影响力也在日益扩大，但是分析师普遍存在的乐观性倾向也引发了关于分析师盈余预测和投资评级建议对投资者而言是否具有投资价值这一问题

---

① 《中华人民共和国证券法》第七十九条规定，禁止证券公司及其从业人员利用传播媒介或者通过其他方式提供、传播虚假或者误导投资者的信息；欺诈客户行为给客户造成损失的，行为人应当依法承担赔偿责任。

的争议（吴东辉 等，2005；杨大楷 等，2012）。

由于分析师发布乐观性的预测和评级并不是为了增加投资者对企业信息的获取，而是为了能吸引更多的投资者购买公司股票，降低企业融资成本，提高企业价值。因此，暂且不论分析师的乐观性预测和评级是否对投资者有用，我们更关心，分析师的乐观性预测和评级是否真的能如企业所期望的那样给企业带来实质性的好处？即当市场投资者面对分析师乐观性的预测和评级时，是否真的愿意支付更高的价格购买这类公司的股票，从而使这类公司具有更低的权益资本成本？

本章将从分析师发布乐观性预测和评级背后的动因出发，理论推演分析师乐观性与权益资本成本之间的关系，并以中国上市公司为样本，对分析师乐观性对公司权益资本成本的影响进行实证检验，以期拓展对权益资本成本影响因素的探寻，以及丰富对分析师行为特征的认识，从而提供关于我国分析师乐观性预测和评级是否具有信息价值的实证依据。

5.2 分析师乐观性对权益资本成本影响的理论分析

5.2.1 分析师产生乐观性的动因分析

现代企业控制权与所有权的分离，导致企业面临严重的信息不对称问题（Jensen et al.，1976）。为了降低信息不对称，企业应尽量增加信息披露，提高信息披露水平（Botosan，1997；Botosan et al.，2002；Leuz et al.，2000；Lambert et al.，2007）。但是，市场上的普通投资者，其知识水平和能力导致其不能完全理解和掌握上市公司的各种财务报告（Lam et al.，2004），因而，要提高市场对企业信息的认知水平，提高企业信息透明度，还需要借助于市场信息中介对企业所披露的信息进行合理解读，从而为投资者判断投资机会、作出投资决策提供参考。而财务分析师就充当着这样的角色（Healy et al.，2001；Amir et al.，1999），分析师拥有众多获取企业信息的渠道，包括公开的和私有的（Barron et al.，1998），例如，企业年报、中报、季报、临时性公告、新闻发布会等公开可获得的企业信息，以及分析师从企业管理人员获得的私人信息，分析师掌握的信息是其进行一切预测和评级活动的基础。在获取尽量多的信息的前提下，分析师借助于自己的专业知识对信息解读，进而对企业未来盈利状况进行预测，并且向市场投资者提供关于股票买卖的评级信息。无论是在西方成熟的资本市场，还是在中国这样的新兴资本市场，财务分析师都凭借其重要的市场信息中介角色，成为资本市场不可或缺的组成部分（Holland et al.，2003；Covrig et al.，2005；白晓宇，2009）。

作为市场信息中介，分析师本应该向市场提供中立的、客观的信息，但是针对分析师行为的一系列研究却表明，分析师普遍存在乐观倾向。例如，分析师在发布企业未来盈余预测的时候，其预测值往往高于企业未来实际盈余，存在正的预测误差（Easton et al.，2007；Larocque，2013）；在发布企业投资评级建议时，分析师总是乐于给出"买入"评级，而很少给出"卖出"评级（Eames et al.，2002；Bradshaw，2004；Mola et al.，2009）。

Easton 和 Sommer（2007）指出分析师的"买入"评级应该与分析师正的超额回报的期望有关，即分析师对企业未来回报持乐观态度，但是一些研究却将分析师倾向于发布乐观性评级的原因归结为分析师面临的各种利益诱惑。Ertimur 等（2011）就明确指出分析师背后的利益冲突是导致分析师发布乐观性评级的主要原因。Agrawal 和 Chen（2012）则把分析师发布乐观性评级背后的利益冲突归结为两点，一是投行业务冲突，证券公司为了获取和维持利润丰厚的承销业务而促使分析师发布乐观性评级；二是经纪业务冲突，当证券公司拥有大量的经纪业务时，为了完成交易任务，分析师具有发布乐观性评级的动力。赵良玉等（2013）研究发现在上市公司需要时发布乐观评级报告的分析师，其后的盈余预测更准确，这表明我国财务分析师评级报告乐观性的一个重要动机是为了满足上市公司管理层的偏好，以获取私有信息。

张烨宇等（2023）研究了券商与上市公司同地域对分析师盈余预测乐

观偏差的影响。研究发现，在一线城市之外的相对不发达地区，分析师所属券商与上市公司同一地域会显著降低分析师对该上市公司盈余预测的乐观偏差，这主要是由于同地券商和上市公司之间沟通交流更加便利、合作更加紧密，从而减弱了分析师为获取合作机会和更多信息故意讨好上市公司的动机。林钟高和朱杨阳（2021）指出分行业监管使得分析师的乐观性倾向得到了抑制，这主要是分行业监管使得公司信息披露质量得到了提高，市场的机会主义行为也得到了抑制。

利益动机论在大量的研究中得到了证实。Dugar 和 Nathan（1995）指出供职于具有投行业务的证券公司的分析师具有发布乐观性评级的趋向。Michaely 和 Womack（1999）也指出从事承销业务的公司的分析师会发布更多的乐观性评级。O'brien 等（2005）指出投行业务关系会导致分析师发布更多乐观性评级，并且当出现好消息时，分析师能迅速地将评级向乐观的方向调整，而当出现坏消息时，分析师调整并不会那么迅速。并且，Easterwood 和 Nutt（1999）也曾指出分析师对好消息反应过度而对坏消息反应不足，导致了分析师盈余预测过度乐观。Firth 等（2013）还指出客户关系的压力会导致分析师评级趋于乐观，分析师所处的证券公司与共同基金之间的客户关系会导致分析师对共同基金所持股票做出更乐观的评级，并且其乐观程度会随着该股票在共同基金投资组合中所占比例的增加以及共同基金支付给经纪公司的佣金的增加而提高。Mola 和 Guidolin（2009）也发现分析师对其所属的共同基金投资的股票会发布更频繁的乐观性评级。Ljungqvist 等（2007）还指出大的证券公司的分析师更容易发布乐观评级，因为大经纪公司可能拥有更多的经纪业务。Hong 和 Kubik（2003）发现针对承销客户发布更多乐观性预测的分析师，将会得到更多的奖金。Jackson（2005）指出那些发布乐观预测的分析师能为经纪公司达成更多的交易，因而分析师有动力发布乐观性预测。Chen 和 Matsumoto（2006）也证实分析师为了讨好上市公司管理层，以便获得更多的内部信息，会发布乐观性的预测。并且，Mayew（2008）指出调低评级会减少分析师与公司管理层的接触，例如分析师被排除在公司盈余预告的电话会议之外。Mc-

Nichols 和 O'Brien（1997）也指出因为那些乐观性的预测更容易被观测到，分析师会对公司进行选择性的预测，从而保证他们提供的信息能受到市场的欢迎。正如 Asquith 等（2005）、Chen 和 Jiang（2006）、Bradley、Clarke 等（2014）、Lee 和 So（2017）等所指出的，分析师会解读公开信息并披露他们所涵盖的公司的新信息。Green、Jame、Markov 和 Subasi（2014）提供的额外证据表明，分析师利用从与公司管理层的互动中获得的信息来进行报告。Hu 等（2021）对控股股东股权质押与分析师盈利预测乐观度之间的关系展开了研究。研究发现，分析师对控股股东将其股票质押用于银行贷款且股票质押率较高的公司做出了更乐观的预测。对于先前股票表现不佳的公司、位于市场化程度较高地区的公司以及与公司关系密切的分析师来说，这种关系更强，但对于声誉良好的分析师和大型经纪公司的分析师来说则较弱。此外，当股票质押贷款接近期限结束时，当分析师预测日期更接近盈利公告时，分析师的乐观情绪会减弱，当分析师在更长的时间内做出预测时，乐观情绪会更加明显。

由此可见，信息不对称是分析师预测产生乐观性的基础，而利益动机则是分析师乐观性的根源所在。在信息不对称的市场环境下，参与资本市场活动的各方，不论是企业还是投资者，都切实需要分析师提供的信息中介服务，扩大企业信息传播渠道，降低市场信息不对称。但是分析师并没有完全站在中立和客观的角度向市场提供信息服务，当面临利益冲突时，分析师首先是以乐观性的评级和预测来实现自己或自己所属公司利益最大化，即使这些预测或评级与企业未来的实际状况并不一致（Ertimur et al.，2011）。

5.2.2 分析师乐观性对权益资本成本的影响途径

由于分析师容易受到各种利益冲突的影响，分析师在对企业未来盈余进行预测以及做出投资评级时总是呈现出普遍的乐观倾向，该结果使得分析师在降低企业信息不对称的过程中所发挥的作用大打折扣。一方面，分析师乐观性倾向背后隐藏的利益交易严重影响了分析师预测信息的客观性，降低了其可信度，因而投资者很少采用分析师乐观性的建议，例如，Dugar 和 Nathan（1995）就曾指出市场投资者很少依靠具有投行背景的分析师提供的预测信息进行投资决策；Firth 等（2013）也发现具有客户服务关系的分析师乐观性评级并不会增加共同基金对该股票的持有。而另一方面，分析师的乐观性预测或评级与企业未来的实际状况并不一致，它并不能够降低企业未来收益的不确定性，反而增加了企业的投资风险。Ertimur 等（2011）就曾发现最初被赋予乐观性评级的公司比非乐观性评级的公司未来的表现更差；Xu 等（2013）针对中国分析师跟踪与企业股价暴跌之间关系的研究也表明，分析师的乐观性会显著增加公司股价暴跌的风险。

由此可见，分析师在发布盈余预测或投资评级时的乐观倾向对于降低企业信息不对称并无益处，相反地，其乐观程度越高，越是损害了分析师的信息中介作用。分析师越乐观，他们提供的信息在投资者心中的可信度越低，因而这些信息并不能够帮助投资者更清楚地了解企业的实际情况，也就不能够降低投资者与企业之间的信息不对称。与此同时，分析师乐观性倾向背后所隐藏的利益动机，也增加了投资者对企业投资风险的估计，分析师表现得越乐观，其隐藏的风险可能越大。因此，对于分析师表现越乐观的公司，投资者的风险估计也越高。由于投资风险的增加，投资者更不愿意购买这类公司的股票，这与分析师发布一系列乐观性预测或评级的期望背道而驰。对企业而言，投资者对企业投资风险估计的增加将直接增加公司的权益资本成本（Barry et al.，1985；Coles et al.，1995；Clarkson et al.，1996）；而投资者对公司股票需求的降低，将降低公司股票的流动性，这些都有可能导致公司面临更高的权益资本成本（Amihud et al.，1986；Diamond et al.，1991）。

综上所述，本章提出以下假设：

H 5-1：拥有分析师乐观性预测的企业会面临更高的权益资本成本。

H 5-2：公司权益资本成本与跟踪企业的分析师乐观性程度成正比。

5.3 分析师预测乐观性对权益资本成本影响的实证分析

5.3.1 变量选择与定义

5.3.1.1 被解释变量

权益资本成本是本书的被解释变量，本书第 3 章已对权益资本成本的度量进行了详细的介绍，并确定了本书权益资本成本的度量方法，即以 CT 模型、GLS 模型、OJN 模型以及 PEG 模型这四个模型计算出的权益资本成本均值 R_e 作为本书权益资本成本的代理变量。

5.3.1.2 解释变量

本章将从分析师投资评级和盈余预测误差两个方面来识别分析师是否存在乐观性。我国价值投资理念还没有深入人心，投资者往往更加关注分析师短期盈余预测信息，因此，与我国股市投资者的信息关注特征一致，本章主要从短期内对分析师的乐观性行为进行考察。

（1）投资评级标准。各经纪公司的投资评级并不一致，Resset 数据库其标准化为 5 档，分别为买入、增持、中性、减持、卖出，本章采用与 Easton 和 Sommers（2007）类似的方法来构建代表分析师评级乐观性水平的指标，由于"增持"评级向市场传递的仍然是买入信号，因而，他们把分析师发布的"买入"和"增持"这两类评级共同视为乐观性评级，以这两类评级次数占所有评级总次数的百分比来度量分析师评级的乐观性水平[①]。本章以当年 6 月末以前 30 天内所有分析师发布的投资评级信息为基

---

① 虽然分析师发布的买入性评级可能是由于企业业绩较好，即该乐观性评级是由客观原因形成的，但是这类评级也反映了分析师对企业未来投资收益持乐观估计的态度。目前文献显示，在实际计算中还很难识别哪些乐观性的评级是由客观原因形成的，哪些是由非客观原因形成的。并且对该问题的研究，国外权威期刊的文章也没有对此加以区别，例如，Easton 和 Sommers（2007），他们把"买入"和"增持"这两类评级共同视为乐观性评级，即不管什么原因导致分析师发布这两类评级，都表明了分析师的一种乐观性态度，由此构建的指标能反映分析师的乐观性程度。

础来构建该指标，记为 Rate，其具体计算公式如式（5-1）所示。

$$\text{Rate} = \frac{\text{"买入"评级的次数} + \text{"增持"评级的次数}}{\text{所有评级的总次数}} \times 100\% \qquad (5-1)$$

Easton 和 Sommers（2007）用该指标来度量分析师评级的乐观性程度，Rate 值越大，表明分析师给出的乐观性评级占总评级数量的比重越高，分析师评级越乐观。由 Rate 的计算过程可以看出，当 Rate 大于 50% 时，表明分析师对企业做出的买入性评级的次数多于其他评级的次数，该企业面临的分析师评级以乐观性评级为主。

（2）盈余预测误差标准。本书借鉴 Larocque（2013）的方法计算分析师盈余预测误差，即用分析师对企业第 T 年的预测每股收益与企业第 T 年实际每股收益的差，再除以 $T-1$ 年末的股票收盘价表示，记为 FE，其具体计算公式如式（5-2）所示。

$$\text{FE} = \frac{\text{Feps}_t - \text{Eps}_t}{\text{price}_{t-1}} \qquad (5-2)$$

其中，Feps_t 表示分析师对企业第 T 年每股收益的预测值，本书用当年 6 月末以前 30 天内所有分析师对企业第 T 年每股收益预测的平均值表示；Eps_t 表示企业第 T 年实际每股收益；price_{t-1} 表示上年末的股票收盘价。分析师盈余预测误差可以用来表示企业面临的分析师盈余预测的乐观性程度，FE 越大表明分析师预测越乐观。

同时，本章还按照分析师投资评级和盈余预测误差的特征分别构建两个虚拟变 D_Rate 和 D_FE 来度量企业面临的分析师预测是否乐观。当 Rate >50% 时，令 D_Rate = 1，反之，令 D_Rate = 0；当 FE>0 时，令 D_FE = 1，反之，令 D_FE = 0。D_Rate = 1（或 D_FE = 1）代表分析师具有乐观倾向，D_Rate = 0（或 D_FE = 0）代表分析师具有非乐观倾向。

5.3.1.3 控制变量

控制变量的选择与本书第 4 章的一致，即主要对影响权益资本成本的三个关键的企业微观因素以及年度和行业效应这两个宏观因素进行了控制。

控制变量的计算过程如下所述：

（1）企业规模。用上年末企业市场价值取自然对数来度量企业规模，记为 Size。

（2）系统风险 β。以截至当年 5 月末止的 60 个月的公司个股回报率和市场回报率（至少需要 24 个月观察值），利用市场模型估计的 BETA 值表示，记为 Beta。

（3）账面市值比。以上年末公司权益的账面价值与市场价值之来表示，记为 Btm。

（4）行业效应。构建虚拟变量 Industry 对企业的行业效应进行了控制。本书按照中国证监会行业分类标准，将样本企业分为 19 个行业大类，其中的制造业包含的样本数量较多，并且制造业类不同行业的经营特征、产品特征等存在较大差异，企业的经营风险也存在较大差别，因而本书将制造业企业按照次级代码进行分类，其余行业按照初级代码进行分类，剔除金融行业后，共得到 21 个行业。

（5）年度效应。构建年度虚拟变量 Year 对影响权益资本成本的宏观因素进行控制，样本的年度区间为 2005—2022 年。

本书所使用的数据主要来自国泰安数据库和锐思数据库，为避免极端值对回归结果的影响，本书对所有连续变量首尾 1% 的值进行了 winsor 缩尾处理。

5.3.2　样本选择

本章的初始样本包括 2005—2012 年上海和深圳证券市场的所有上市公司，然后根据如下原则进行筛选：①由于金融保险类上市公司与一般上市公司的财务特征和会计制度存在差异，剔除了金融保险行业的上市公司；②剔除 ST、PT 类财务状况异常的公司；③公司同时发行 A 股和 B 股或 H 股会影响公司股票价格的确定，进而影响权益资本成本的计算，因此剔除同时发行 B 股或 H 股的公司，保留仅发行 A 股的公司；④剔除数据缺失或无法获得相关数据的公司，最终得到有效样本 7 076 个公司年度样本（见表 5-1）。

表 5-1 样本分布

年份	样本个数/个	占比/%
2005	256	3.62
2006	269	3.80
2007	352	4.97
2008	390	5.51
2009	419	5.92
2010	457	6.46
2011	461	6.51
2012	418	5.91
2013	352	4.97
2014	426	6.02
2015	441	6.23
2016	423	5.98
2017	352	4.97
2018	392	5.54
2019	469	6.63
2020	453	6.40
2021	352	4.97
2022	394	5.57
总计	7076	100

5.3.3 变量的描述性统计

表 5-2 展示了各变量的描述性统计。从中可以看出，样本企业的权益资本成本在 2.51% 到 25.12% 之间，均值为 9.98%。分析师评级 Rate 的平均值为 72.43%，中位数为 93.45%，这表明样本企业的分析师发布的"买入"和"增持"这两类评级的次数较多，分析师评级具有普遍的乐观性倾向。分析师盈余预测误差 FE 的均值为 0.015 2，其第 25 分位的值为

0.000 8，这两个值都大于 0，这意味着分析师盈余预测普遍存在乐观倾向，至少 75% 的样本企业面临分析师乐观性的盈余预测。由此可见，样本企业的分析师在对企业进行投资评级以及做出盈余预测时普遍存在乐观倾向，这是分析师预测行为的一个显著特征。

表 5-2　各变量的描述性统计

变量	观测个数	均值	最小值	25 分位	中位数	75 分位	最大值	标准差
Re	7 076	0.099 8	0.025 1	0.066 1	0.097 6	0.118 6	0.251 2	0.021 3
Size	7 076	22.561 2	20.132 3	21.101 4	21.868 5	22.631 7	25.485 2	1.035 9
Beta	7 076	1.065 8	0.403 7	0.875 2	1.010 2	1.223 5	1.489 7	0.317 8
Btm	7 076	0.804 1	0.145 6	0.463 7	0.864 2	0.997 4	1.324 5	0.220 3
Rate	7 076	0.724 3	0	0.5	0.934 5	1	1	0.371 4
FE	5 967	0.015 2	-0.073 5	0.000 8	0.009 8	0.024 5	0.176 4	0.032 0

为了更进一步认识分析师评级特征，本书对分析师各类评级的分布情况进行了统计，结果如图 5-1 所示。图 5-1 展示了样本企业分析师各类评级的总量分布情况，从中可以看出，分析师评级主要集中在三大类——买入、增持和中性。"买入"评级占到了各类评级的 38%，"增持"评级占到了各类评级的 40%，由于"增持"评级传递的仍是买入信号，因此本书将"增持"评级和"买入"评级共同视为乐观性评级，这二者之和占到各类评级的 78%。而样本企业的分析师明确给出"卖出"评级的数量比例几乎为 0，"减持"评级也只有 1%。Morgan 和 Stocken（1998）和 Bradshaw（2004）都曾指出由于分析师几乎很少给出具有卖出信号的投资评级，因而理性的投资者总是把中性评级视为卖出类的评级建议。如果把我国分析师发布的"中性"评级也视为具有卖出信号的悲观性评级，那么，"卖出""减持"以及"中性"这三类悲观性评级的发布次数只占到了总次数的 21%，远低于分析师乐观性评级次数的占比。由此可以看出，我国分析师普遍存在乐观倾向，在发布投资评级信息时，分析师更乐于发布具有买入信号的乐观性评级，而很少发布具有卖出信号的悲观性评级。该现象在表 5-2 中也得到了反映，之所以 Rate 具有较高的平均值，正是因为在这些投

资评级建议中，"买入"和"增持"这两类评级占到了绝大多数。

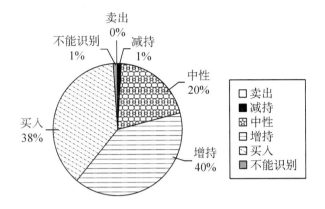

图 5-1 分析师各类评级的总量分布情况

表 5-3 是各变量之间的简单相关系数矩阵，从中可以看出，各控制变量之间的相关性水平较低，不存在严重的多重共线性。代表分析师乐观性的两个指标 Rate 和 FE 与权益资本成本之间的简单相关系数都显著为正，这表明分析师乐观性对权益资本成本具有显著的正的影响，分析师评级或盈余预测越乐观，公司的权益资本成本可能会越高。

表 5-3 变量之间的简单相关系数

变量	Re	Size	Beta	Btm	Rate	FE
Re	1					
Size	0.302 1***					
Beta	0.047 9***	−0.142***				
Btm	0.112 3***	−0.045 3*	0.093 4***			
Rate	0.291 4***	0.217 6***	−0.123 7***	−0.236 0***		
FE	0.253 6***	0.038 5*	0.148 9***	0.097 9***	−0.033 1*	1

注：*、**、*** 分别表示在 10%、5%、1% 的统计水平上显著。

5.3.4 实证结果与分析

5.3.4.1 单变量分析

在进行多元回归分析之前，本章首先对分析师预测乐观和非乐观两种状态下的公司权益资本成本组间均值进行了比较。结果如表 5-4 所示。从表 5-4 可以看出，面临分析师乐观性评级的样本为 5 448 个，占到了分析师评级样本的 77%，分析师乐观性盈余预测样本为 5 012 个，占到了分析师发布盈余预测样本的 84%，市场上分析师乐观性预测多于非乐观性预测，这再一次表明我国分析师对企业预测普遍存在乐观倾向，乐观性是分析师预测的一个显著特点，这与表 5-2 的分析是一致的。

从分析师投资评级来看，面临分析师乐观性评级的样本公司平均权益资本成本为 0.104 4，非乐观性评级的公司平均权益资本成本为 0.085 0，二者的差为 0.019 4，在 1% 的显著性水平上大于 0。再从分析师盈余预测误差来看，面临分析师乐观性盈余预测的公司平均权益资本成本为 0.102 4，非乐观性盈余预测的公司平均权益资本成本为 0.085 9，二者的差为 0.016 4，也在 1% 的显著性水平上大于 0。这表明，分析师预测的乐观性会导致公司面临更高的权益资本成本，当企业面临分析师乐观性评级或盈余预测时，其权益资本成本显著高于面临非乐观性评级或盈余预测的企业。这与本章的 H 5-1 是一致的，本书将进一步通过多元回归分析的方法对此进行检验。

表 5-4　分析师乐观性与权益资本成本单变量分析

分类		样本个数/占比	Re 均值	Re 均值差 A-B
投资评级标准	A 乐观性评级：D_Rate = 1	5 448（77%）	0.104 4	
	B 非乐观性评级：D_Rate = 0	1 628（23%）	0.085 0	0.019 4***（16.39）
盈余预测误差标准	A 乐观性预测：D_FE = 1	5 012（84%）	0.102 4	
	B 非乐观性预测：D_FE = 0	954（16%）	0.085 9	0.016 4***（11.02）

注：*** 表示显著水平为 1%，括号里是 t 统计量。

5.3.4.2　多元回归分析

为了进一步检验分析师乐观性对权益资本成本的影响，本章构建了如下多元回归模型，在控制公司特征的相应变量的基础上，实证考察分析师预测乐观性对权益资本成本的影响：

$$R_{e\ it} = \alpha_0 + \beta_1 \text{optimism}_{it} + \beta_2 \text{Size}_{it} + \beta_3 \text{Beta}_{it} + \beta_4 \text{Btm}_{it}$$

$$+ \delta \sum_{t=1}^{t=8} \text{year}_{it} + \gamma \sum_{j=1}^{j=21} \text{Industry}_{ij} + \varepsilon_{it} \qquad 模型（5-1）$$

其中，R_e 表示权益资本成本，optimism 表示代表分析师预测乐观性的相关变量，即 Rate 和 FE，以及由这二者构建的虚拟变量 D_Rate 或 D_FE，Size 是企业规模，Beta 是企业的市场风险，Btm 是企业的账面市值比，year 和 industry 分别是年度和行业变量，各变量的定义如前文所述。ε 为误差项，α 为常数项，β 为回归系数，δ 和 γ 为回归系数向量。

本章首先采用 2005—2022 年的非平衡面板数据，以 D_Rate 或 D_FE 代表 optimism 对模型（5-1）进行回归分析，估计结果如表 5-5 所示。

表 5-5　分析师乐观性对权益资本成本的回归结果

变量	第1栏	第2栏	第3栏	第4栏
D_Rate	0.012 1*** (9.02)		0.014 1*** (9.12)	
D_FE		0.021 0*** (9.20)		0.018 1*** (9.13)
Size			0.006 7*** (3.87)	0.005 4*** (2.78)
Beta			−0.011 8*** (−3.32)	−0.014 3*** (−3.34)
Btm			0.013 2*** (3.46)	0.012 9*** (2.62)
常数项	0.124*** (8.67)	0.118*** (8.87)	−0.043 5 (−1.02)	−0.011 9 (−0.23)
行业效应	Yes	Yes	Yes	Yes
年度效应	Yes	Yes	Yes	Yes
样本量	7 076	5 967	7 076	5 967
调整 R^2	0.268	0.259	0.291	0.284

注：*、**、***分别表示在10%、5%、1%的统计水平上显著。

从表 5-5 的第 3 栏和第 4 栏可以看出，控制变量 Size、Btm 与权益资本成本显著正相关，而 Beta 与权益资本成本显著负相关，该现象与第 4 章的结果是一致的，在此不再赘述，本章主要关注分析师乐观性对权益资本成本的影响。

表 5-5 中第 1 栏、第 2 栏是只控制行业和年度效应的回归结果，第 3 栏、第 4 栏是同时控制 Size、Beta、Btm 以及行业和年度效应的回归结果，从这些回归结果可以看出，D_Rate 的系数为 0.012 1 和 0.014 1，D_FE 的系数为 0.021 0 和 0.018 1，它们都在 1% 的水平上显著大于 0，这意味着，分析师乐观性对权益资本成本具有显著的影响，公司权益资本成本与跟踪公司的分析师是否乐观存在显著的正相关关系，面临乐观性预测的公司比面临非乐观性预测的公司拥有更高的权益资本成本。

本章进一步将样本企业控制为在过去 30 天内拥有 2 位以上的分析师跟踪的企业，并用 D_Rate 或 D_FE 对模型（5-1）重新进行了估计，结果如表 5-6 所示。从表 5-6 可以看出，各回归结果的 R^2 都比表 5-5 中的高，这意味着，将分析师跟踪人数控制在两位以上，提高了回归模型的解释力；各变量的回归系数也与表 5-5 中的系数一致，分析师乐观性 D_Rate 或 D_FE 仍然与权益资本成本显著正相关。

表 5-6　分析师乐观性对权益资本成本的子样本回归结果

（以分析师跟踪人数大于 2 的企业为样本）

变量	第 1 栏	第 2 栏	第 3 栏	第 4 栏
D_Rate	0.007 5 ***		0.007 7 ***	
	(5.15)		(5.23)	
D_FE		0.010 1 ***		0.009 9 ***
		(7.58)		(7.38)
Size			0.006 2 ***	0.005 7 ***
			(3.17)	(2.68)
Beta			−0.009 9 * *	−0.011 4 ***
			(−2.48)	(−2.63)
Btm			0.010 3 * *	0.010 3 *
			(2.17)	(1.92)

表5-6(续)

变量	第1栏	第2栏	第3栏	第4栏
常数项	0.087 6***	0.098 2***	−0.058 6	−0.039 1
	(5.82)	(5.77)	(−1.18)	(−0.73)
行业效应	Yes	Yes	Yes	Yes
年度效应	Yes	Yes	Yes	Yes
样本量	5 750	5 182	5 750	5 182
调整 R^2	0.324	0.32	0.331	0.327

注：*、**、***分别表示在10%、5%、1%的统计水平上显著。

上述回归分析结果表明，在控制权益资本成本其他影响因素的前提下，分析师乐观性对权益资本成本具有显著的影响，主要表现为，乐观性的投资评级以及乐观性的盈余预测，会导致企业面临比非乐观性评级和非乐观性盈余预测的企业更高的权益资本成本，这与表5-4的分析结果是一致的，也进一步证明了本章的假设 H 5-1。

本章进一步考察了分析师乐观性程度对权益资本成本的影响。以分析师发布乐观预测的企业为样本，在控制权益资本成本其他影响因素的前提下，以 Rate 和 FE 代表 optimism 对模型（5-1）进行了回归分析，结果如表5-7所示。

表 5-7 分析师乐观性程度对权益资本成本的影响

变量	以分析师乐观预测的企业为样本		以分析师乐观性预测且分析师跟踪人数大于 2 的企业为样本	
	第1栏	第2栏	第3栏	第4栏
Size	0.005 9***	0.004 5*	0.006 7***	0.004 5
	(2.99)	(1.87)	(3.25)	(1.51)
Beta	−0.011 0**	−0.015 9***	−0.007 0	−0.012 8**
	(−2.47)	(−3.48)	(−1.54)	(−2.47)
Btm	0.009 7**	0.008 9	0.007 8	0.005 2
	(2.00)	(1.64)	(1.32)	(0.74)
Rate	0.014 1***		0.009 7**	
	(3.15)		(2.15)	

表5-7(续)

变量	以分析师乐观预测的企业为样本		以分析师乐观性预测且分析师跟踪人数大于2的企业为样本	
	第1栏	第2栏	第3栏	第4栏
FE		0.145***		0.117***
		(5.55)		(3.93)
常数项	-0.045 2	0.010 8	-0.071 8	0.012 9
	(-0.88)	(0.19)	(-1.39)	(0.18)
行业效应	Yes	Yes	Yes	Yes
年度效应	Yes	Yes	Yes	Yes
样本量	5 448	5 012	4 572	3 888
调整 R^2	0.292	0.261	0.351	0.294

注：*、**、*** 分别表示在10%、5%、1%的统计水平上显著。

表5-7第1栏、第2栏是对分析师具有乐观性特征的所有样本的回归结果，第3栏、第4栏是对分析师具有乐观性特征且跟踪企业的分析师人数大于2的样本的回归结果。从第1栏、第2栏可以看出，Rate 和 FE 的系数分别为0.014 1和0.145，都在1%的水平上显著为正，第3栏、第4栏中，Rate 和 FE 的系数也都显著为正。这表明，分析师的乐观性程度对公司权益资本成本具有显著的影响，分析师的乐观性程度与权益资本成本正相关，分析师盈余预测或投资评级越乐观，公司权益资本成本也越高。这与本章的 H 5-2 是一致的。

至此，本章的两个假设都得到了实证证据的支持。不论是用分析师评级还是用分析师盈余预测作为基础来衡量分析师的乐观性倾向和乐观性程度，以及不论是从面板数据回归结果来看，还是从年度回归结果来看，我们都可以得出结论，分析师乐观性与公司权益资本成本呈显著的正相关关系，跟踪企业的分析师表现越乐观，公司越有可能因此承担更高的权益资本成本。

分析师预测具有乐观性是分析师对企业进行跟踪预测的一个普遍现象，导致这一现象的原因除了企业信息披露水平较差以外，还有一个重要的原因就是分析师面临各种利益冲突，在相关利益的牵扯下，分析师倾向于发布乐观性的预测。中国证券分析师也不例外，在发布企业盈余预测和投资评级建议时，并没有站在公正立场对企业未来的盈利状况做出客观预测，也普遍存在乐观倾向。然而，分析师乐观性的预测并不能够降低投资者与企业之间的信息不对称，并且分析师对企业过于乐观的态度反而降低了其发布的预测信息的可信度。杨大楷和王佳妮（2012）对我国公众投资者对分析师预测信息信任度的问卷调查结果也证实了这一点，他们指出，我国投资者认为证券分析师的投资建议只有 40%～59% 的可信度，这主要是由于分析师常常陷入各种"利益漩涡"当中，使他们失去了分析师本该拥有的"客观"和"独立"态度，从而使他们的预测信息并非都是信得过的产品。

当分析师的预测信息受到投资者质疑的时候，他们企图发布乐观性预测吸引更多投资者购买该公司股票的目的并不能顺利实现，相反，分析师所表现出的乐观性，反而增加了投资者对企业投资风险的估计，降低了对公司股票的需求。因此，对企业而言，分析师的乐观性预测并不能如企业所愿，通过释放利好消息吸引投资者，降低公司融资成本。投资者对分析师乐观性的认识及其对乐观性预测的股票"以脚投票"的行为，提高了市场对这类股票的风险估计，降低了其股票的流动性，从而导致了公司面临更高的权益资本成本。由此可见，分析师预测的乐观性倾向对投资者而言，并没有起到发现投资机会的作用，对企业而言，也没有起到吸引资金、降低资本成本的作用。

5.4　本章小结

本章基于信息不对称的理论分析框架，从分析师预测产生乐观性倾向的动因出发，理论分析了分析师乐观性对权益资本成本的影响，并据此提出了相应的研究假设。然后，以我国 2005—2022 年的非金融类上市公司为样本，结合单变量和多变量分析方法，对这一研究假设进行了实证检验，从而得出了分析师预测乐观性对权益资本成本的影响模式，进一步为分析师预测行为与公司权益资本成本之间的关系提供了实证证据。

本章的研究结果表明：我国分析师预测普遍存在乐观倾向，主要表现为分析师倾向于发布乐观性的投资评级以及乐观性的盈余预测。但是分析师乐观性的投资评级建议以及乐观性的盈余预测并不能够有效降低企业信息不对称，其乐观性倾向所隐藏的利益动机，反而降低了他们向市场提供的信息的可信度，并且增加了投资者对企业投资风险的估计。因此，分析师预测乐观性倾向提高了公司的权益资本成本，相对于具有非乐观性预测的公司，拥有乐观性预测的公司将面临更高的权益资本成本；并且，分析师乐观性倾向对权益资本成本的不利影响还会随着分析师的乐观性程度的增加而增加，即分析师预测乐观程度与权益资本成本显著正相关，分析师对企业投资进行评级以及针对企业未来盈余进行预测时表现得越乐观，企业权益资本成本将会越高。

6 分析师预测信息修正与权益资本成本

6.1 引言

分析师预测信息修正是财务分析师跟踪企业的一种重要表现，市场信息瞬息万变，为了提高预测信息的准确度，分析师不断搜集新的信息，并据此对先前的预测进行修正，这种修正主要表现为向上或向下调整先前的预测，向下修正表明新的信息促使分析师对先前的预测进行向下的调整，修正以后的盈余预测比先前的预测值更低，而向上修正表明新的信息促使分析师对先前的预测进行向上的调整，修正以后的盈余预测比以前的预测值更高。

研究表明，分析师信息修正是具有信息含量的，伴随每一次信息修正过程，分析师不断向市场传递着新的信息。Elton 等（1981）曾指出分析师预测修正所包含的信息比公司的盈余报告本身具有更高的价值，并且市场会对分析师信息修正行为做出反应。Givoly 和 Lakonishok（1979）以及 Imhoff 和 Lobo（1984）较早发现了盈余预测修正信息发布以后的股票价格漂移现象，指出分析师信息修正在短期内具有信息含量，市场价格要么直接反映了分析师的信息修正，要么间接地反映了分析师用于修正的信息。此后，Stickel（1990）、Stickel（1991）、Gleason 和 Lee（2003）、Clement

和 Tse（2005）进一步证实分析师信息修正，尤其是信息修正的方向，能向市场传递一些重要信息。中国分析师倾向于对与其有关联的基金经理持有的股票做出向上修正的评价建议（Gu et al.，2019）。

如本书第 1 章绪论所述，我国分析师每年发布大量的预测信息，而其中就包含了大量的修正行为。肖萌和朱宏泉（2011）从分析师一致评级变化的角度，对我国分析师调整对企业的投资评级的行为是否具有信息含量进行了检验。结果表明，分析师一致荐股意见对未来的市场和行业超额回报具有一定的预测能力，我国分析师投资评级变动是具有信息含量的。但是他们主要关注分析师荐股意见发生改变的情况，而没有涉及分析师盈余预测信息修正行为。

在市场信息不对称的市场环境下，公司权益资本成本容易受到企业信息不对称的影响（Botosan，1997；Botosan et al.，2002；Leuz et al.，2000；Lambert et al.，2007）。而分析师修正盈余预测信息的行为能为市场带来一些新的信息，这些信息是否会通过影响企业的信息环境进而影响到公司的权益资本成本？目前鲜有文献对此问题展开讨论。本章将从分析师预测信息修正的方向和修正频率这两方面的特征向市场传递的信息着手，理论分析并实证检验分析师信息修正行为对公司权益资本成本的影响，以期丰富现有研究成果。

6.2　分析师预测信息修正对权益资本成本影响的理论分析

6.2.1　分析师信息修正方向与权益资本成本

掌握各种信息是分析师对企业未来盈余进行预测的前提，市场信息瞬息万变，当分析师捕获新的信息时，会不断对先前的盈余预测进行修正和更新。Huang 和 Zhang（2011）指出分析师发布修正信息也是投资者获取信息的一种重要来源。不仅分析师发布的修正信息增加了市场上的信息供应量，而且分析师信息修正的特征也能向市场透露一些新的信息，其中的一个重要的方面就是分析师的信息修正方向，由于分析师根据不同的信息对企业盈余预测做出不同方向的修正决策，因此分析师的信息修正方向向市场传递的信息是不同的。Gleason 和 Lee（2003）以及 Stickel（1991）就曾指出分析师向上修正的行为向市场传递了好消息，而向下修正的行为传递了坏消息。Gleason 和 Lee（2003）发现在分析师向上和向下修正信息后三个月内购买并持有该公司股票的平均回报率分别为 2.1% 和 −3.7%。Stickel（1991）证实分析师的一致性预测向上修正的企业未来 3 到 12 个月能获得正的超常回报，而向下的修正却得到负的超额回报。Chan 等（1996）进一步证明了 Stickel（1991）的发现，并且他们还提出了根据分析师预测信息修正方向构建投资组合的惯性投资策略。

由于分析师所提供的盈余预测往往是投资者做出决策的重要参考，并且分析师预测在一定程度上也反映了市场的期望，因此，当分析师向上修正向市场传递出好消息时，投资者会增加对公司股票的购买，从而提高了公司股票的流动性，而当分析师向下修正向市场传递出坏消息时，投资者则会减少对公司股票的购买，从而降低了公司股票的流动性。公司股票流动性的改变会显著影响公司的权益资本成本（Amihud et al.，1986；Diamond et al.，1991），由此可见，分析师信息修正的不同方向对权益资本成本的影响是不一样的。

与此同时，分析师不同信息修正方向所包含的信息量也是不一样的，从而导致了它们在降低企业未来盈余不确定性方面所发挥的作用也存在差别。实证研究表明分析师存在向下调整先前预测的偏向（Lin et al.，2006；Gleason et al.，2003；O'brien，1988；Beyer，2008）。产生这一现象的根源可能是分析师盈余预测普遍存在乐观倾向。由于面临各种利益冲突，如投资业务冲突、经纪业冲突，分析师预测普遍存在乐观性偏误（Agrawal et al.，2012），分析师在发布企业未来盈余预测的时候，其预测值往往高于企业未来实际盈余（Easton et al.，2007；Larocque，2013）。但是，乐观性预测并非总是对企业有利的，因为，Kasznik 和 McNichols（2002）就曾发现市场会对企业实际盈余达到分析师预测水平的公司赋予更高的价值，这类公司也因此拥有更高的年度超额回报率。Richardson 等（2004）进一步指出，分析师过于乐观的盈余预测可能导致企业根本无法实现，而考虑到分析师预测盈余与企业实际盈余之间的关系对公司价值的影响，企业有可能会主导分析师将乐观性的预测向下调整，从而达到企业能够突破的预测水平。Chan 和 Hameed（2006）以及 Hameed 等（2015）进一步证明，高分析师跟随股票投资组合（或领头羊公司）的盈利预测修正会影响低分析师跟随股票组合（或行业同行）的总回报。Altınkılıç 等（2016）对分析师评级信息修改后的股票价格漂移现象进行了分析，结果证实分析师的评级修改方向能够预测股票回报率的变化方向，两者是同向变动的，分析师向上的修正会带来股票正的回报率，向下的修正会带来股票负的回报率。这证明分析师的信息修正能够给市场带来新的信息。

Li 等（2019）重新审视了中国 IPO 背景下分析师荐股产生的信息溢出。与先前文献中记录的传染效应相反，他们发现了竞争效应，即分析师对竞争对手公司的积极建议将降低 IPO 股票的首日回报，而分析师对竞争公司的消极建议将增加 IPO 股票的第一天回报，这一发现在竞争激烈且相互关联的行业中更为明显。这也表明分析师荐股能向市场提供新的信息。

方先明和汤泓（2016）采用事件研究法，分别对股票市场总体行情上升、下降和水平震荡三个阶段内分析师评级报告的价值进行检验。结果发现：评级报告的基础评级整体偏高，可信度不强；基础评级调整报告具有参考价值，能够据此捕捉异常收益率；相较于非明星分析师的报告，根据调整后的明星分析师报告进行操作，在上升和下降行情中可以获取更大的中期异常收益率，在震荡行情中则可以获取更大的短期异常收益率。

汪弘等（2013）使用 2009 年 1 月 1 日至 2010 年 12 月 31 日的50 000余份行业研究报告，以中国 A 股 1 475 家公司 24 167 个收到研究报告的事件日为对象，通过实证研究发现：分析师撰写的研报具有显著的信息含量，研报评级越高、分析师名气越大、分析师所在券商的名气越大，投资者根据其研报买卖股票获得的超额收益越高，但明星券商的作用局限于短期；信息不对称会影响研报的作用，研报涉及的公司信息越对称，分析师的评级作用会显著降低。

Yezegel（2015）指出很多研究表明，分析师会在企业盈余预告公告后很短的时间内对其投资评级建议进行修改。当分析师面临投资者更大的需求时，盈利公告中可用信息的相对供应量更高时，以及当他们发现定价错误时，他们会发布修正的评级建议。

由此可见，分析师对企业的盈余预测进行向下修正并不是对企业基本信息发生改变而做出的客观反映，它更多的是基于各利益冲突做出的选择。正如本书第 5 章所述，分析师的乐观性预测增加了投资者对企业投资风险的估计，而分析师对原本乐观的预测进行向下的调整，它并没有降低企业的信息风险，而是将这种风险通过另一种信号传递到市场上。相反，分析师向上的修正则更多的是由于企业基本信息的改变而对企业未来盈余预测做出向上的调整，Huang 和 Zhang（2011）就曾指出分析师向上的修正行为比向下的修正行为包含更多有价值的信息，并且他们也证实向上的修正比向下修正能更有效地降低企业未来盈余的不确定性。因此，包含更多有价值信息的向上的修正行为在降低企业信息不对称方面将发挥更大的作用，它也就能有效地降低公司权益资本成本。

综上所述，由分析师向上修正和向下修正所透露的信息，对投资者的投资决策以及对企业投资风险的估计的影响是不一样的。公司股票流动性的提高以及投资风险的降低都有助于降低公司权益资本成本，而相反，流动性的降低以及投资风险的增加则会导致公司权益资本成本的增加（Amihud et al.，1986；Diamond et al.，1991；Barry et al.，1985；Coles et al.，1995；Clarkson et al.，1996）。因此，针对分析师信息修正方向与权益资本成本的关系，本章提出以下假设：

H 6-1：分析师信息修正方向与权益资本成本呈负相关关系，分析师向上的修正行为会导致权益资本成本下降，而向下的修正行为会导致权益资本成本上升。

6.2.2　分析师信息修正频率与权益资本成本

与公司季度性的财务报告不同，分析师信息修正随时都在进行，由于它的频繁性和及时性，其成为投资者一种重要的信息来源（Gleason et al.，2003）。一方面，分散的投资者难以全面掌握企业信息，并且掌握信息的成本是极其高昂的，而财务分析师与企业管理层保持着密切的联系，能获得大量信息，包括公共信息和私有信息（Barron et al.，1998），因而分析师预测信息对投资者具有重要参考价值。分析师的信息修正过程就是分析师不断搜集、整理和解读信息的过程。频繁更新预测信息，反映了企业的信息透明度较高，分析师能及时掌握企业的相关信息，并据此对先前的预测进行修正。通过对先前的预测不断更新，他们向市场提供的信息也越多，这有利于降低投资者与企业之间的信息不对称，从而降低权益资本成本。

另一方面，分析师通过对自己掌握的信息进行加工，向市场及时发布最新预测，不断地将私有信息转变为公共信息，将零乱信息转变为集中信息，从而增加了市场上的公共信息含量。Diamond（1985）指出公共信息使所有投资者都受益，Easley 和 O'Hara（2004）也指出公共信息使资产持有风险降低。由于公共信息的增加使投资者对该公司信息的了解更加充分和及时，并且可能由此受益，因此投资者会增加对该公司股票的需求，肖斌卿等（2010）也证实投资者会投资于那些从市场上能获得更多信息的公司，这些信息包括分析师的预测信息。随着市场对公司股票需求的增加，股票流动性得以提高，这有利于降低公司的权益资本成本（Amihud et al.，1986；Diamond et al.，1991）。

因此，针对分析师信息修正频率与权益资本成本的关系，本章提出以下假设：

H 6-2：分析师预测信息修正频率与权益资本成本显著负相关。

6.3　分析师预测信息修正对权益资本成本影响的实证分析

6.3.1　变量选择与定义

6.3.1.1　被解释变量

权益资本成本是本书的被解释变量，本书第 3 章已对权益资本成本的度量进行了详细的介绍，并确定了本书权益资本成本的度量方法，即以 CT 模型、GLS 模型、OJN 模型以及 PEG 模型这四个模型计算出的权益资本成本均值 R_e 作为本书权益资本成本的代理变量。

6.3.1.2　解释变量

本章的解释变量主要是代表分析师信息修正方向和分析师信息修正频率的相关变量。

（1）分析师信息修正方向。本章首先将从分析师一致性预测的角度来度量分析师信息修正方向。所谓分析师一致性预测是指所有分析师对企业未来盈余预测的平均值，它反映了分析师对企业未来盈余预测的一种平均水平，也经常被用来刻画市场对企业未来盈余的期望。由于从长期的角度来考察分析师对盈余预测做出了向上的调整还是向下的调整，对投资者而言，在数据搜集方面也存在较大的困难，并且计算也是复杂的，普通的投资者可能很难胜任这一工作。另外，我国证券市场的价值投资理念还没有深入人心，投资者往往更加关注分析师短期盈余预测信息。因此，与我国股市投资者的信息关注特征一致，以及鉴于短期内分析师预测信息的变动可能会给投资者提供更多有价值的信息，本章将主要从短期内分析师盈余预测所发生的改变来度量分析师信息修正方向。

本章以当年 6 月末以前 30 天内分析师对企业第 T 年的一致性预测作为分析师当前预测，以 6 月末以前第 31 天到第 60 天共 30 天内分析师对企业第 T 年的一致性预测作为分析师先前预测，其示意图如图 6-1 所示。根据分析师当前预测值与先前预测值的大小情况构建反映分析师信息修正方向的基础变量 Direct，具体方法为：如果，分析师当前预测值>先前预测值，令 Direct=1 时，表示分析师对企业盈余预测做了向上的修正；如果，分析师当前预测值<先前预测值，令 Direct=−1 时，表示分析师对企业盈余预测做了向下的修正；如果，分析师当前预测值=先前预测值，当 Direct=0 时，表示分析师没有对先前的预测做出实质性的修正。

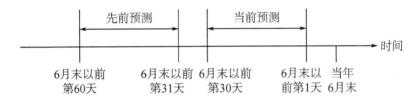

图 6-1　计算分析师信息修正方向的时间示意图

由于 Direct 涉及三个取值：−1、0、1，分别代表分析师三种不同的信息修正方向，为了突出反映本书所关注的分析师向上和向下这两种修正方向对权益资本成本的影响，本书根据 Direct 的取值进一步构建虚拟变量 Direct_dum 以便于进行后面的多元回归分析。当 Direct=−1 时，令 Direct_dum=−1，表示分析师向下的修正行为；当 Direct=1 或者 0 时，令 Direct_dum=1，表示分析师向上的修正行为。之所以把 Direct=0 归为分析师向上修正这一类，是因为当 Direct=0 时，它实际也向市场传递了一种好消息。根据本书第 5 章的研究可以看出，我国分析师盈余预测存在普遍的乐观性倾向，但是过于乐观的预测可能导致企业根本无法实现（Richardson et al.，2004），其结果会降低企业价值（Kasznik et al.，2002），因而分析师存在向下调整先前预测的压力。如果分析师没有对先前的预测做出向下的修正，这就向市场传递了一种好消息，表明其先前的预测比较客观，并且也没有新的不利消息会影响企业未来的盈利水平，只是这种好消息没有分析师向上的修正行为所传递的好消息那样明显和强势。因此，基于这种考虑，在本章后面的多元回归分析中将 Direct=0 这种情形也视为能给市场带来好消息的向上修正行为。

本章还将从分析师个人预测的角度来构建代表分析师信息修正方向的变量。所谓分析师个人预测是相对于分析师一致预测而言的，它是指以单个分析师为观察对象，通过对单个分析师对他上一次的预测信息进行修正的行为进行统计，进而得出企业在特定时间范围内所面临的分析师信息修正方向。具体方法如下：

以当年6月末以前30天内对企业第T年每股收益进行预测的分析师为观察对象，首先计算出每一位分析师对他上一次的预测信息进行修正的方向：如果分析师当前预测值大于他上一次的预测值，则表示他对预测信息做了向上的修正；如果他当前的预测值小于上一次的预测值，则表示他对预测信息做了向下的修正；如果前后预测值一样，则表示分析师没有对先前的预测值做出实质性的修正。

其次，分别计算出这段时间内所有分析师对企业盈余预测进行向上修正的次数和向下修正的次数，以及企业所面临的信息修正的总次数。最后按照如下公式计算出企业面临的分析师信息修正方向：

$$\text{Direct\_ana} = \frac{\text{向上修正的总次数} - \text{向下修正的总次数}}{\text{所有修正行为的总次数}} \qquad (6-1)$$

Direct_ana 的取值在-1到1之间，它反映了在当年6月末以前30天内分析师对企业做出向上修正和向下修正的频率的差异，当 Direct_ana>0 时，表明分析师对企业做出向上修正的次数大于向下修正的次数，企业面临的分析师信息修正以向上的修正为主，它的取值越大，表示分析师向上修正的频率越高。

（2）分析师信息修正频率。对于分析师信息修正频率，本章将从分析师信息修正次数和信息修正的时间间隔两个角度来刻画。

分析师信息修正次数反映了分析师对企业关注的连续性，每个分析师对企业每股收益发布预测信息的次数是不一样的，拥有更多信息来源的分析师，发布预测信息的次数更多，因而受到投资者更多的关注。因此，本章以当年6月末以前30天内对企业发布预测信息次数最多的分析师为依据，用该分析师所做的信息修正次数来度量企业面临的分析师信息修正频率，记为 Frequency。在回归分析时，为避免极端值对回归结果的影响，对 Frequency 加1再取自然对数，记为 LgFrequency。

分析师信息修正的时间间隔是指分析师当前预测与上次预测之间的时

间差，它反映了分析师对企业信息关注的及时性。时间间隔越短，表明分析师对企业拥有越高的关注度，一旦拥有新的信息即对之前的预测做出调整，信息更新越及时，向市场释放的信息也越多。本章以当年 6 月末以前 30 天内跟踪企业的所有分析师信息修正时间间隔的平均值来表示企业面临的分析师信息修正的时间间隔，记为 Freq_gap。为了与本章的 H 6-2 的预期一致，本章在进行回归分析时，对 Freq_gap 取倒数加 1 再取自然对数，记为 LgFreq_gap。LgFreq_gap 值越大，表明分析师信息修正时间间隔越短，分析师信息修正频率越高。

6.3.1.3　控制变量

控制变量的选择与本书第 4 章的一致，即主要对影响权益资本成本的三个关键的企业微观因素以及年度和行业效应这两个宏观因素进行了控制。

控制变量的计算过程如下所述：

（1）企业规模。以上年末企业市场价值取自然对数来度量企业规模，记为 Size。

（2）系统风险 β。以截至当年 5 月末止的 60 个月的公司个股回报率和市场回报率（至少需要 24 个月观察值），利用市场模型估计的 BETA 值表示，记为 Beta。

（3）账面市值比。本书用上年末企业权益的账面价值与市场价值之比表示，记为 Btm。

（4）行业效应。构建虚拟变量 Industry 对企业的行业效应进行了控制。本书按照中国证监会行业分类标准，将样本企业分为 19 个行业大类，其中的制造业包含的样本数量较多，并且制造业类不同行业的经营特征、产品特征等存在较大差异，企业的经营风险也存在较大差别，因而本书将制造业企业按照次级代码进行分类，其余行业按照初级代码进行分类，剔除金融行业后，共得到 21 个行业。

（5）年度效应。构建年度虚拟变量 Year 对影响权益资本成本的宏观因素进行控制，样本的年度区间为 2005—2022 年。

本书所使用的数据主要来自国泰安数据库和锐思数据库，为避免极端值对回归结果的影响，本书对所有连续变量首尾 1% 的值进行了 winsor 缩尾处理。

6.3.2 样本选择

本书的初始样本包括 2005—2022 年上海和深圳证券市场的所有上市公司，然后根据如下原则进行筛选：①由于金融保险类上市公司与一般上市公司的财务特征和会计制度存在差异，剔除了金融保险行业的上市公司；②剔除 ST、PT 类财务状况异常的公司；③公司同时发行 A 股和 B 股或 H 股会影响公司股票价格的确定，进而影响权益资本成本的计算，因此剔除同时发行 B 股或 H 股的公司，保留仅发行 A 股的公司；④剔除数据缺失或无法获得相关数据的公司，最终得到有效样本 7 228 个公司年度样本。样本分布如表 6-1 所示。

表 6-1 样本分布

年份	样本个数/个	占比/%
2005	256	3.54
2006	269	3.72
2007	352	4.87
2008	390	5.40
2009	436	6.03
2010	457	6.32
2011	461	6.38
2012	418	5.78
2013	408	5.64
2014	426	5.89
2015	441	6.10
2016	429	5.94
2017	362	5.01

表6-1(续)

年份	样本个数/个	占比/%
2018	392	5.42
2019	469	6.49
2020	453	6.27
2021	415	5.74
2022	394	5.45
总计	7228	100

6.3.3 变量的描述性统计

表6-2是各变量的描述性统计，从中可以看出，样本企业的平均权益资本成本为0.0977，最小值为0.0321，最大值为0.2053，标准差为0.0338。从分析师对企业预测信息修正次数（Frequency）来看，在本章对分析师信息修正行为的考察期内，即当年6月末以前30天以内，分析师对企业盈余预测修正的平均次数约为2.3次，即平均13天有一次更新预测的行为，最少的只有1次，最多有7次，大部分企业都面临3次及以下的分析师信息修正，只有大约25%的企业面临3次及以上的分析师信息修正，即大约每10天分析师对企业盈余预测进行1次或更多的修正。从分析师信息修正的时间间隔（Freq_gap）来看，分析师平均间隔35天对企业盈余预测进行修正，最短是间隔1天，最长是间隔159天，大多数企业所面临的时间间隔是42天或更短[①]。从分析师信息修正方向来看，Direct、Direct_dum和Direct_ana的均值都为负，Direct和Direct_dum中位数都为−1，这意味着从平均水平来看，企业样本普遍面临分析师向下的修正行为。

---

① 本章所指的分析师信息修正次数和时间间隔，虽然从字面理解是一个问题的两个方面，但是由于二者的统计口径不一样，所反映的信息内容也是不一样的。前者是以当年6月末以前30天内对企业发布预测信息次数最多的分析师为根据计算得到的，而后者是以该时间段内所有分析师为根据计算的，并且在计算分析师信息修正时间间隔时，需要知道分析师上次信息发布时间，而这个时间可能超过了6月末以前30天内的时间范围，因而，所计算出的时间间隔有可能超过30天。

表 6-2　各变量的描述性统计

变量	观测个数	均值	最小值	25 分位	中位数	75 分位	最大值	标准差
Re	7 228	0.097 7	0.032 1	0.073 9	0.092 8	0.118 2	0.205 3	0.033 8
Size	7 228	22.652 3	20.528 0	21.895 7	22.578 0	23.286 5	25.647 4	1.053 9
Beta	7 228	0.944 6	0.342 3	0.788 0	0.962 1	1.109 8	1.512 3	0.236 8
Btm	7 228	0.729 6	0.160 3	0.517 1	0.752 8	0.954 8	1.232 0	0.269 7
Direct	6 421	−0.181 0	−1	−1	−1	1	1	0.946 8
Direct_dum	6 421	−0.109 8	−1	−1	−1	1	1	0.994 1
Direct_ana	6 609	−0.078 2	−1	−0.2	0	1	1	0.320 3
Frequency	7 228	2.303 8	1	1	2	3	7	1.331 1
LgFrequency	7 228	1.118 5	0.693 1	0.693 1	1.098 6	1.386 3	2.079 4	0.386 8
Freq_gap	6 510	34.581 3	1	21	30.5	42.5	159	20.994 4
LgFreq_gap	6 510	0.042 9	0.006 3	0.023 3	0.032 5	0.046 5	0.693 1	0.047 0

表 6-3 是各变量的简单相关系数矩阵。从中可以看出，各解释变量之间不存在严重的多重共线性，只是 Direct 和 Direct_dum 之间相关性较高，其相关系数为 0.975 1，这是因为它们都是表示分析师信息修正方向的变量，只不过它们分类的基础不一样而已，并且 Direct_dum 是直接根据 Direct 计算得来的，所以它们具有较高的相关性，由于在后面的回归分析中，并不会同时使用这两个变量，所以它们之间的相关性并不会对后文的分析产生影响。

表 6-3　各变量的简单相关系数

变量	Re	Size	Beta	Btm	Direct	Direct_dum	Direct_ana	LgFrequency
Size	0.342 6 ***							
Beta	0.007 8	−0.167 5 ***						
Btm	0.098 1 ***	−0.063 8 ***	0.075 4 ***					
Direct	−0.086 7 ***	−0.071 1 ***	−0.012 1	0.022 0				
Direct_dum	−0.098 7 ***	−0.116 8 ***	0.015 5	0.032 1 **	0.975 1 ***			
Direct_ana	−0.110 2 ***	−0.073 1 ***	0.001 6	0.100 5 ***	0.315 7 ***	0.313 9 ***		
LgFrequency	0.031 9 **	0.253 6 ***	−0.207 8 ***	0.148 2 ***	−0.043 2 **	−0.060 3 ***	0.080 7 ***	
LgFreq_gap	−0.072 7 ***	−0.197 4 ***	0.005 4	0.175 8 ***	0.022 3	0.044 5 ***	0.073 4 ***	0.213 5 ***

注：*、**、***分别表示在 10%、5%、1%的统计水平上显著。

6.3.4 实证结果与分析

6.3.4.1 单变量分析

本章首先对分析师信息修正方向对权益资本成本的影响进行了单变量分析。根据 Direct 和 Direct_dum 前面的定义可知,当它们等于 1 时,表示分析师对企业盈余预测做了向上的修正,当它们等于-1 时,表示分析师对企业盈余预测做了向下的修正;而根据 Direct_ana 的定义可知,当 Direct_ana>0 时,表示分析师对企业的预测信息修正以向上为主,当 Direct_ana<0 时,表示分析师对企业的预测信息修正以向下为主。因此,按照此原则,以 Direct、Direct_dum 和 Direct_ana 这三个变量分别将样本企业分为向上修正和向下修正两组,比较这两组间权益资本成本均值和中位数是否存在差别。结果如表6-4所示。

从表6-4可以看出,分析师盈余预测向上修正的企业其权益资本成本均值在9.6%左右,R_e 中位数在9.1%左右,而分析师盈余预测向下修正的企业其权益资本成本平均值在10%左右,中位数在9.7%左右。对这两组样本企业的权益资本成本均值差进行 T 检验的结果显示,分析师向上修正的企业其权益资本成本均值显著低于分析师向下修正企业的权益资本成本均值,并且,对这两组权益资本成本中位数差进行 Wilcoxon 检验的结果也显示,分析师向上修正的企业其权益资本成本中位数显著低于分析师向下修正企业的权益资本成本中位数。该结果支持本章的假设 H 6-1,即分析师向上的修正行为能显著地降低公司权益资本成本。

表6-4 分析师信息修正方向对权益资本成本影响的单变量分析

变量	R_e 均值			R_e 中位数		
	向上修正	向下修正	T test（t 统计量）	向上修正	向下修正	Wilcoxon test（z 统计量）
Direct	0.096 9	0.102 6	(-4.97)***	0.091 9	0.097 8	(-4.99)***
Direct_dum	0.096 1	0.102 6	(-5.80)***	0.091 4	0.097 8	(-6.09)***
Direct_ana	0.096 7	0.100 6	(-2.84)***	0.091 2	0.095 9	(-2.79)***

注: *** 表示在1%的统计水平上显著。

6.3.4.2 多元回归分析

为了检验分析师信息修正行为对权益资本成本的影响,本章构建了如下多元回归模型，在控制相关变量的基础上，实证考察分析师信息修正对权益资本成本的影响：

$$R_{e\,it} = \alpha_0 + \beta_1 \text{修正方向}_{it} + \lambda \text{控制变量}_{it} + \varepsilon_{it} \qquad \text{模型（6-1）}$$

$$R_{e\,it} = \alpha_0 + \beta_1 \text{修正频率}_{it} + \lambda \text{控制变量}_{it} + \varepsilon_{it} \qquad \text{模型（6-2）}$$

$$R_{e\,it} = \alpha_0 + \beta_1 \text{修正方向}_{it} + \beta_2 \text{修正频率}_{it} + \lambda \text{控制变量} + \varepsilon_{it} \qquad \text{模型（6-3）}$$

模型（6-1）用于检验分析师信息修正方向对权益资本成本的影响，模型（6-2）用于检验分析师信息修正频率对权益资本成本的影响，模型（6-3）用于检验分析师信息修正方向和信息修正频率对权益资本成本的联合影响。其中，R_e 表示权益资本成本，修正方向分别由 Direct、Direct_dum 和 Direct_ana 这三个变量表示，修正频率分别由 LgFreq_gap 与 LgFrequency 这两个变量表示。控制变量包括：企业规模 Size，企业市场风险 Beta，企业账面市值比 Btm，以及年度变量 year 和行业变量 industry。各变量的定义如前文所述。α 为常数项，β 为回归系数，γ 为回归系数向量，ε 为误差项。

本章采用 2005—2022 年的非平衡面板数据，分别对模型（6-1）、（6-2）、（6-3）进行了回归分析，估计结果如表 6-5、表 6-6 和表 6-7 所示。从这三个表都可以看出，控制变量 Size、Btm 与权益资本成本显著正相关，而 Beta 与权益资本成本显著负相关，该现象与第 4 章的结果是一致的，在此不再赘述，本章主要关注分析师信息修正行为对权益资本成本的影响。

表 6-5 是对模型（6-1）的回归结果，从中可以看出，Direct_dum 的回归系数为−0.002 1，在 5%的水平上显著异于 0。这表明分析师预测信息修正方向对公司权益资本成本具有显著的影响，与分析师向下的修正行为相比，能给市场带来好消息的向上修正行为能显著地降低公司权益资本成本。

表 6-5　分析师信息修正方向对权益资本成本的影响

变量	第 1 栏	第 2 栏	第 3 栏
Size	0.005 9 ***	0.005 9 ***	0.005 8 ***
	(3.36)	(3.39)	(3.85)
Beta	−0.013 1 ***	−0.011 8 ***	−0.011 3 ***
	(−3.46)	(−3.03)	(−2.94)
Btm	0.009 1 **	0.008 8 **	0.007 2 *
	(2.09)	(1.99)	(1.72)
Direct_dum = 1	−0.002 1 **		
	(−2.21)		
Direct = 1		−0.002 4 **	
		(−2.52)	
Direct_ana			−0.004 6 ***
			(−2.77)
常数项	−0.008 4	−0.008 5	−0.034 6
	(−0.19)	(−0.19)	(−0.79)
行业效应	Yes	Yes	Yes
年度效应	Yes	Yes	Yes
样本量	6 421	6 074	6 609
调整 R^2	0.277	0.287	0.275

注：*、**、*** 分别表示在 10%、5%、1% 的统计水平上显著。

　　由于 Direct_dum 把分析师没有对先前的预测做出实质性修正的行为也视为能向市场传递好消息的向上修正行为。本章进一步以 Direct 表示分析师信息修正方向，把分析师没有对企业先前的预测做出实质性的修正的样本剔除，对模型（6-1）重新进行了回归分析，结果如表 6-5 第 2 栏所示，Direct 的回归系数为 0.002 4，也在 5% 的水平上显著。该结果与 Direct_dum 的回归结果是一致的，这表明分析师向上的修正行为有助于降低公司的权益资本成本，分析师信息修正方向与权益资本成本负相关。

　　Direct 和 Direct_dum 两个都是类别变量，它们只能区分向上和向下修正这两种状态，而不能表示向上修正的程度，而由 Direct_ana 的计算过程可知，Direct_ana 的取值越大，表示分析师对企业进行向上修正的频率越高，它可以反映分析师向上修正的程度，因此，本章进一步用 Direct_ana 来表示分析师修正方向，对模型（6-1）进行回归，结果如表6-5第3栏所示，Direct_ana 的回归系数为-0.004 6，在1%的水平上显著异于0，这意味着，分析师对企业向上修正的频率越高，即向上修正的程度越高，越有利于降低企业的权益资本成本。该结论与本章的假设 H 6-1 是一致的。

表6-6　分析师信息修正频率对权益资本成本的影响

变量	第1栏	第2栏
Size	0.006 3***	0.007 4***
	（3.40）	（4.31）
Beta	-0.012 7***	-0.014 1***
	（-3.40）	（-3.50）
Btm	0.007 3*	0.012 8***
	（1.69）	（3.25）
LgFreq_gap	-0.029 7***	
	（-2.78）	
LgFrequency		-0.004 5***
		（-2.90）
常数项	-0.015 5	-0.038 7
	（-0.34）	（-0.93）
行业效应	Yes	Yes
年度效应	Yes	Yes
样本量	6 510	7 228
调整 R^2	0.282	0.225

注：*、**、***分别表示在10%、5%、1%的统计水平上显著。

表6-6是对模型（6-2）的回归结果。LgFreq_gap 的系数为-0.029 7，在1%的水平上显著异于0，LgFrequency 的系数为负，也在1%的水平上显著异于0，这表明分析师信息修正频率对权益资本成本也具有显著的影响。分析师对企业预测信息修正越及时，或者分析师对企业信息修正次数越多，就

会有越多的信息释放到市场上，从而增加了市场上的公共信息含量，这有助于提高企业信息透明度，进而降低公司权益资本成本，因此，分析师信息修正频率与权益资本成本显著负相关，该结论与本章的 H 6-2 一致。

表 6-7　分析师信息修正方向和频率对权益资本成本的联合影响

变量	第 1 栏	第 2 栏	第 3 栏	第 4 栏
Size	0.005 7 ***	0.006 5 ***	0.005 8 ***	0.007 3 ***
	(3.02)	(3.55)	(3.20)	(4.05)
Beta	−0.013 2 ***	−0.012 7 ***	−0.012 8 ***	−0.011 0 ***
	(−3.38)	(−3.36)	(−3.37)	(−2.87)
Btm	0.007 5	0.008 7 **	0.007 3 *	0.006 8 *
	(1.64)	(2.03)	(1.67)	(1.67)
Direct_dum = 1	−0.002 7 ***	−0.002 2 **		
	(−2.77)	(−2.33)		
LgFreq_gap	−0.031 0 **		−0.028 9 ***	
	(−2.24)		(−2.66)	
LgFrequency		−0.003 5 **		−0.003 7 **
		(−2.15)		(−2.11)
Direct_ana			−0.003 9 **	−0.005 4 ***
			(−2.27)	(−2.71)
常数项	−0.018	−0.012 5	−0.009 2	−0.039 8
	(−0.39)	(−0.28)	(−0.20)	(−0.91)
行业效应	Yes	Yes	Yes	Yes
年度效应	Yes	Yes	Yes	Yes
样本量	6 389	6 421	6 510	6 609
调整 R^2	0.297	0.278	0.283	0.277
wald test	6.04	4.63	6.67	6.39

注：*、**、*** 分别表示在 10%、5%、1% 的统计水平上显著，wald test 用于检验分析师信息修正方向和修正频率对权益资本成本影响的联合显著性。

表 6-7 是对模型（6-3）的回归结果，考察分析师信息修正方向和频率对权益资本成本的联合影响。从回归结果来看，Direct_dum 和 Direct_ana 的回归系数都显著为负，即分析师向上的修正能显著降低权益资本成本，

同时，LgFreq_gap 和 LgFrequency 的系数也都显著为负，即提高分析师信息修正频率也能显著降低公司权益资本成本。对分析师信息修正方向和修正频率对权益资本成本影响的联合显著性检验显示，Direct_dum 和 LgFreq_gap 对权益资本成本的影响具有联合显著性，其 Wald Test 值为 6.04；Direct_dum 和 LgFrequency 对权益资本成本的影响也具有联合显著性，其 Wald Test 值为 4.63。并且，Direct_ana 和 LgFreq_gap 对权益资本成本的影响具有联合显著性，其 Wald Test 值为 6.67；Direct_ana 和 LgFrequency 对权益资本成本的影响也具有联合显著性，其 Wald Test 值为 6.39。这再次印证本章的两个假设，同时也表明分析师信息修正方向和修正频率是分析师信息修正行为对权益资本成本产生影响的两个途径。

本章进一步以分析师跟踪人数大于 2 的企业为样本对模型（6-1）至（6-3）重新进行了估计，结果如表 6-8 和表 6-9 所示。

从表 6-8 可以看出，分析师信息修正方向 Direct_dum、Direct 和 Direct_ana 这三个变量的回归系数都为负，且都在 1% 的水平上显著异于 0，这与表 6-5 的分析是一致的，即分析师信息修正方向与权益资本成本负相关。表 6-8 中的分析师信息修正频率 LgFrequency 的回归系数为 -0.003，在 10% 的水平上显著异于 0，而 LgFreq_gap 的回归系数虽然为负，但是统计上并不显著。这意味着提高分析师跟踪人数以后分析师信息修正频率对权益资本成本的影响有可能变得不显著。这可能是由于企业分析师跟踪人数的增加本身有助于增加市场上分析师预测数据的供给，从而降低了分析师修正信息在减少企业信息不对称问题过程中所起到的作用。

表 6-8　分析师信息修正对权益资本成本影响的子样本回归

（以分析师跟踪人数大于 2 的企业为样本）

变量	第 1 栏	第 2 栏	第 3 栏	第 4 栏	第 5 栏
Size	0.005 2**	0.005 3**	0.005 3***	0.006 4***	0.005 8***
	(2.55)	(2.58)	(2.62)	(3.16)	(2.86)
Beta	−0.010 1**	−0.010 2**	−0.010 0**	−0.010 0**	−0.010 2**
	(−2.45)	(−2.46)	(−2.45)	(−2.43)	(−2.46)

表 6-8（续）

	第 1 栏	第 2 栏	第 3 栏	第 4 栏	第 5 栏
Btm	0.007 4	0.007	0.007 5	0.007 8	0.007 8
	(1.50)	(1.41)	(1.57)	(1.62)	(1.58)
Direct_dum = 1	-0.003 6***				
	(-3.95)				
Direct = 1		-0.003 8***			
		(-4.09)			
Direct_ana			-0.010 3***		
			(-5.33)		
LgFrequency				-0.003 0*	
				(-1.78)	
LgFreq_gap					-0.027 8
					(-1.29)
常数项	-0.023 2	-0.025 1	-0.024 8	-0.049 5	-0.036 4
	(-0.45)	(-0.48)	(-0.48)	(-0.96)	(-0.71)
行业效应	Yes	Yes	Yes	Yes	Yes
年度效应	Yes	Yes	Yes	Yes	Yes
样本量	5 431	5 346	5 577	5 528	5 576
调整 R^2	0.324	0.324	0.33	0.318	0.32

注：*、**、***分别表示在 10%、5%、1%的统计水平上显著。

表 6-9 是将样本限定为分析师跟踪人数大于 2 的企业对模型（6-3）的回归结果，从中可以看出，分析师信息修正方向仍然与权益资本成本保持显著的负相关关系。而分析师信息修正频率与权益资本成本虽然有负相关的关系，但是在统计上并不显著，该现象与表 6-8 第 5 栏的结果比较类似。对分析师信息修正方向和修正频率对权益资本成本影响的联合显著性检验显示，当增加样本企业的分析师跟踪人数以后，分析师信息修正方向与修正频率这两个因素对权益资本成本的影响仍然具有联合显著性，其wald 检验结果都显著。这表明分析师预测信息修正行为会对企业的权益资本成本产生显著影响，虽然该影响会通过分析师信息修正方向和修正频率形成，但是，由于分析师信息修正频率对权益资本成本的影响并不稳定，

因此其产生影响的主要途径是通过分析师信息修正方向。

表 6-9　分析师信息修正对权益资本成本联合影响的子样本回归

（以分析师跟踪人数大于 2 的企业为样本）

变量	第 1 栏	第 2 栏	第 3 栏	第 4 栏
Size	0.005 3 **	0.005 5 ***	0.005 1 **	0.005 5 ***
	(2.49)	(2.62)	(2.46)	(2.71)
Beta	−0.010 5 **	−0.009 8 **	−0.010 3 **	−0.009 8 **
	(−2.54)	(−2.40)	(−2.50)	(−2.39)
Btm	0.007 7	0.007 4	0.007 8	0.007 5
	(1.51)	(1.47)	(1.58)	(1.54)
Direct_dum = 1	−0.003 8 ***	−0.003 8 ***		
	(−3.93)	(−4.01)		
LgFreq_gap	−0.009 5		−0.020 7	
	(−0.40)		(−0.99)	
LgFrequency		−0.002 3		−0.002 5
		(−1.25)		(−1.36)
Direct_ana			−0.010 8 ***	−0.010 2 ***
			(−5.63)	(−5.24)
常数项	−0.020 6	−0.025 6	−0.017 8	−0.028 2
	(−0.39)	(−0.49)	(−0.35)	(−0.54)
行业效应	Yes	Yes	Yes	Yes
年度效应	Yes	Yes	Yes	Yes
样本量	5 308	5 431	5 576	5 577
调整 R^2	0.325	0.324	0.332	0.33
wald test	7.86	8.55	16.88	15.49

注：*、**、*** 分别表示在 10%、5%、1% 的统计水平上显著，wald test 用于检验分析师信息修正方向和修正频率对权益资本成本影响的联合显著性。

正如第 5 章的分析，由于面临各种利益冲突，分析师在发布盈余预测时存在乐观性倾向，对我国分析师盈余预测的考察也证实分析师对企业的盈余预测往往高于企业的实际水平。但是过于乐观的预测并不总是对企业有利的，因此企业有可能通过各种手段主导分析师对过于乐观的预测向下调整。由于我国投资者法律保护不够健全，市场对分析师行为过错的认定也存在困难，而作为市场信息中介的财务分析师，为了维持与企业管理层之间的良好关系，以便从管理层获得更多的信息从而对企业进行预测，所以其行为存在取悦管理层的倾向。因此，伴随着分析师普遍乐观的盈余预测，分析师的信息修正普遍存在向下调整的偏误。

虽然从增加市场信息供应的角度来看，分析师向上或向下的修正都增加了市场上的信息供应量，但是由于向上或向下修正向市场传递的信号不同，它们对权益资本成本产生了不同的影响。分析师向下的修正与分析师的乐观性预测有关，而面临分析师乐观预测的公司本身面临严重的信息不对称问题，再加上分析师的乐观性预测，使得投资者对企业投资风险的估计较高，从而提高了公司的权益资本成本。而分析师向上的修正主要是基于企业基本信息的改变而对先前的预测做出的客观调整，它更有利于降低企业信息不对称，从而降低权益资本成本。从分析师向上和向下修正对权益资本成本的影响来看，分析师一味地迎合企业管理层的偏好反而使企业陷于不利的境地，分析师只有站在客观、公正的立场，对企业盈余进行预测，才能更好地发挥市场信息中介的作用，降低企业信息不对称，进而降低权益资本成本。

分析师信息修正频率能在一定程度上反映分析师对企业的关注程度，不论是向上还是向下修正，分析师频繁地更新预测信息的行为都增加了市场上的公共信息含量。也不论这些信息向市场传递了好消息还是坏消息，市场投资者都能够根据这些最新的预测信息，对企业投资风险做出判断，进而做出相应的投资取舍。由本书绪论部分对我国分析师发展现状的描述也可以看出，我国分析师每年发布了大量的盈余预测信息，其中大部分属于分析师发布的修正信息，即每个分析师每年对跟踪企业不只发布一次预测，他还发布了大量的更新预测信息，且更新得越频繁，分析师向市场提供的信息量也越多，这有利于降低企业的信息不对称，从而起到降低公司权益资本成本的作用。但是从本章对分析师信息修正频率对权益资本成本的影响的研究来看，分析师信息修正频率能起到降低公司权益资本成本的效应，但是其影响并不稳定，当提高企业的分析师跟踪人数以后，它对权益资本成本的影响变得不显著。这可能是由于企业分析师跟踪人数的增加本身有助于增加市场上分析师预测数据的供给，从而降低了分析师修正信息在降低企业信息不对称问题过程中所起到的作用。但是，从总体上这也没有改变分析师修正信息频率与权益资本成本之间的关系。

6.4 本章小结

本章基于信息不对称的理论分析框架，从分析师信息修正的方向和频率两个角度，理论推演了分析师信息修正对权益资本成本的影响途径，并据此提出了两个研究假设。然后，本章利用中国 2005—2022 年上市公司为样本的企业数据，结合单变量和多变量分析方法，对这两个假设进行了实证检验，从而得出了分析师预测信息修正行为对权益资本成本的影响模式，也进一步为分析师预测行为与公司权益资本成本之间的关系提供了实证证据。

本章的研究结果表明，与我国分析师盈余预测普遍存在的乐观性倾向一致，我国分析师对企业的盈余预测存在向下修正的偏向。由于分析师不同的修正方向向市场传递了不同的信息，即，向上的修正行为向市场传递了好消息，而向下的修正行为向市场传递了坏消息；并且分析师向上的修正行为比向下的修正行为包含更多的信息，它能更有效地降低企业盈余的不确定性，因此，分析师预测信息修正方向与权益资本成本存在显著的负相关关系，分析师对企业盈余预测做出向上的修正行为能显著地降低公司权益资本成本。另外，对于分析师信息修正频率与权益资本成本之间的关系，本章的研究虽然发现这二者显著负相关，但是当增加分析师跟踪人数以后，这种负相关关系的稳定性受到影响。不过，从总体来看，分析师提高对企业预测信息进行修正的频率对于降低企业的权益资本成本仍然能发挥积极的作用，分析师对企业预测信息修正越及时，信息修正次数越多，越有利于降低企业信息不对称，从而使公司权益资本成本降低。

7 研究结论、启示及展望

7.1 研究的主要结论

信息不对称是影响权益资本成本的重要因素，企业可以通过增加信息披露和借助于信息中介的力量降低信息不对称，从而降低权益资本成本。其中，分析师作为市场信息中介的主要力量，不仅由他们提供的各类预测信息能够增加市场上的公共信息含量，降低市场信息不对称，而且他们发布的预测信息所体现出来的各种行为特征也是具有信息含量的。本书就从分析师预测信息的意见分歧、预测信息的乐观性以及预测信息的修正行为所体现的信息含量，证实它们会对权益资本成本产生显著而直接的影响。具体研究结论如下：

（1）分析师预测意见分歧与权益资本成本显著正相关。本书第4章从分析师预测意见分歧的双重特征出发，理论分析师用实证检验了分析师意见分歧对权益资本成本的影响。结果表明，基于我国特殊的市场经济环境，企业信息透明度低，市场信息不对称问题突出，分析师的意见分歧主要体现了企业信息的不确定性，所以它对权益资本成本存在正的影响，较高的意见分歧导致了更高的权益资本成本。

（2）分析师预测乐观性与权益资本成本显著正相关。本书第5章从分析师预测乐观性背后的动机出发，理论分析并实证检验了分析师乐观性特征对权益资本成本的影响。结果表明，由于面临各种利益冲突，我国分析师预测普遍存在乐观性倾向；分析师乐观性预测提高了投资者对企业投资风险的估计，进而增加了公司的权益资本成本。

（3）分析师向上的修正行为比向下的修正行为能显著降低权益资本成本。本书第6章对分析师信息修正行为与权益资本成本之间关系的研究表明，与我国分析师盈余预测普遍存在的乐观性倾向一致，我国分析师对企业的盈余预测存在向下修正的偏向；分析师不同的修正方向向市场传递了不同的信息，由于向上修正比向下修正包含更多的信息，以及能更有效地降低企业盈余的不确定性，因此，分析师向上修正的行为能更显著地降低公司权益资本成本。

（4）分析师信息修正频率与权益资本成本显著负相关。本书第6章对分析师信息修正行为与权益资本成本之间关系的研究还表明，分析师信息修正频率对权益资本成本也具有显著的影响，分析师对企业预测信息修正越及时，发布修正信息的次数越多，即分析师信息修正频率越高，越有利于增加市场上的公共信息含量，随着公共信息的增加，公司信息透明度得到提高，进而公司权益资本成本也得到降低。

7.2 主要启示及政策建议

本书所得出的结论为市场投资者、企业管理者以及资本市场的监管者提供了以下一些启示：

7.2.1 对投资者的启示和建议

投资者要有风险意识，在进行投资决策时要重视信息的价值，充分利用各种信息对企业的投资价值进行判断，从而降低投资风险，这些信息不仅包括企业披露的各种报表、公告等，以及财务分析师发布各种研究报告，而且还包括分析师预测行为的特征所体现的信息。投资者应该充分利用这些信息，谨慎投资，合理规避投资风险。

（1）根据本书第 4 章的分析可以看出，分析师预测意见分歧反映了企业未来收益的不确定性和企业的信息不对称程度，分析师意见分歧越高，表明企业存在越高的信息不对称问题，并且分析师对企业未来收益的估计具有较高的不确定性，这类企业往往具有较高的投资风险。因此，投资者在做出投资决策时，应该综合考察多名分析师对企业的盈余预测，以这些预测值的离散程度来判断企业的投资风险。

（2）根据本书第 5 章的分析可以看出，跟踪企业的分析师越乐观，企业的投资风险可能越大。乐观性倾向是分析师预测的一个普遍特征，高度的乐观性并不代表企业具有较高的投资价值，相反，其乐观性背后所隐藏的利益动机反而增加了其投资风险。因而投资者不应该对分析师表现乐观的企业进行盲目的跟进。

（3）根据本书第 6 章的分析可以看出，分析师预测是一个动态的过程，分析师总是在不断地对先前预测进行修正和更新。分析师向上修正所传递的好消息和向下修正所传递的坏消息，以及由分析师频繁的修正行为向市场提供的丰富信息，投资者在搜集信息的过程中，应该重视对这类信息的分析和利用，它能帮助投资者更好地了解企业发展的最新动态，也有助于投资者发现投资机会。

7.2.2　对企业管理者的启示和建议

（1）从本书第 4 章和第 5 章的分析可以看出，企业信息不对称是导致分析师预测意见分歧以及分析师乐观性倾向的一个根本的原因，分析师意见分歧和其乐观性倾向都使企业因此面临更高的权益资本成本。为了避免遭受这种不利影响，企业首先应该增加信息披露，提高企业信息透明度。这是现代资本市场的一条基本规律，也是对现代企业的基本要求。只有掌握更为透明的信息，分析师才能够对企业未来盈余做出更客观的预测；其次，企业应该建立与分析师的定期沟通机制，统一企业的信息发布渠道，避免对不同的分析师提供不同的信息，从而提高分析师预测信息的一致性，减少预测分歧。当然，企业更不能够通过利益诱惑使分析师对企业做出乐观性的预测和评级，因为其乐观性的结果是损害了分析师市场信息中介作用，他们发布的信息也就不能起到降低企业信息不对称的作用。

（2）从本书第 6 章的分析可以看出，分析师对企业的持续跟踪和关注对企业是有利的，分析师对企业预测信息高频率的修正行为以及向上修正先前预测信息的行为都能够显著地降低公司权益资本成本，因而企业应该充分抓住分析师预测行为的这一个特征，使分析师预测能很好地为企业服务。一方面，分析师应该及时向市场或者向分析师披露企业最新信息，保证企业信息供应的及时性，这不仅能吸引分析师对进行跟踪，而且能提高分析师的信息修正频率。另一方面，企业要保证所披露信息的真实性和客观性，从而避免分析师预测过于乐观，以及由此引发的向下的修正行为。

7.2.3　对资本市场监管部门的启示和建议

从本书第 4 章、第 5 章和第 6 章的分析不难看出，信息不对称对企业和投资者都具有重要的影响，而完善的信息披露制度是现代资本市场健康运行的基本保障。资本市场监管部门应该进一步加强和完善企业信息披露制度的建设，促进企业及时披露信息，保护投资者利益，才能提高资本市场运作效率，充分发挥市场对资源的配置作用。另外，第 5 章的研究还表明，在面临各种利益冲突的时候，分析师失去其独立性和客观性原则，而充当起了市场"黑嘴"，这不仅损害了投资者的利益，而且破坏了资本市场的信息环境。随着我国分析师队伍的不断壮大，其市场影响力也在不断增加，因此，相应的监管部门应该及时制定相应的措施，通过制度的力量，规范分析师行为，加强对分析师行为的监管。

7.3　研究的改进与创新

权益资本成本影响因素的研究一直是理论界的热点问题之一，以往的研究主要集中在企业规模、流动性、系统风险、投资者法律保护、信息披露等方面，尤其是信息披露对权益资本成本影响的研究几乎占据了该研究领域的半壁江山。随着分析师对市场影响力的不断增加，以及对分析师行为认识的不断深入，也有不少研究开始关注分析师跟踪对权益资本成本产生的影响，但这些研究主要集中在分析师跟踪规模、分析师个人特征方面，很少涉及分析师预测行为特征对权益资本成本的影响，因此，本书基于信息不对称的理论分析框架，对分析师预测行为多方面的特征对企业权益资本成本影响展开了系统的理论分析和实证研究，相对于以前的研究，本书的改进与创新主要体现在以下三个方面：

（1）本书构建了认识分析师预测行为特征的基本框架。本书第4章、第5章和第6章分别从分析师预测意见分歧、分析师乐观性、预测信息修正三个方面对我国分析师预测行为所体现的特征进行了刻画，这使我们对分析师预测行为的认识更加形象和具体，也使分析师预测行为的研究提升到一个更加系统的视角。

（2）本书将对权益资本成本影响因素的研究拓展到分析师预测的行为特征方面。本书第4章、第5章和第6章分别从分析师预测意见分歧、分析师乐观性、预测信息修正三个维度对分析师预测行为对权益资本成本的影响进行了实证检验，探讨公司权益资本成本研究的新视角，拓展和丰富了现有研究成果。

（3）本书为投资者提供了一种新的信息来源，即观察跟踪企业的分析师预测行为可以获得企业一些有关的信息。本书第4章、第5章和第6章的研究表明分析师预测意见分歧、乐观性以及预测信息修正都是具有信息含量的，这些信息为投资者对企业投资风险的判断以及投资机会的选择提供了一种新的参考。

7.4 研究的局限性和后续研究建议

7.4.1 本研究的局限性

（1）分析师预测行为存在多方面特征，除本书所涉及的分析师预测意见分歧、预测乐观性、预测信息修正，还有一些特征本书没有涉及，如分析师预测时机、预测信息集中性等。本书只对其中一些典型特征所具有的信息含量以及与权益资本成本之间的关系进行了考察，这对充分认识分析师行为对权益资本成本的影响还不够全面。

（2）分析师预测行为各方面的特征并不是单独存在的，有些特征之间可能存在着交互作用，例如，分析师先前的预测越乐观，随后越有可能对先前的预测做出向下的修正。这种交互作用是否会对分析师预测行为与权益资本成本之间的关系产生影响，本书还没有对这类问题展开研究。

7.4.2 后续研究建议

后续研究应当主要从以下两个方面，围绕分析师预测行为多方面的特征以及各种特征之间的交互效应展开，对分析师预测行为与权益资本成本之间的关系展开更为系统和深入的研究。

（1）从分析师预测时机、分析师发布预测信息的集中度等特征因素所包含的信息量出发，进一步完善分析师预测行为对权益资本成本影响的研究。例如，有的学者（Brennan et al.，1993；Brennan et al.，1995；Frankel et al.，2004）认为在公司财务报告公布之前，分析师的主要目标是搜集企业的各类信息，其主要起到一个信息发掘的作用，有的学者（Lang et al.，1996；Healy et al.，1999；Zhang，2008）认为在公司财务报告公布之后，分析师的主要目标是对企业的财务报告进行解读和分析，其主要起到一种信息分析的作用。这两种作用到底谁更重要？谁更有利于降低企业与投资者之间的信息不对称？不同时机发布的预测信息对权益资本成本的影响是否存在差别？这些问题都有待于进一步探讨。

（2）进一步考察分析师预测行为各方面特征之间是否存在交互作用，这种交互作用的存在是否会导致分析师预测行为对权益资本成本的影响发生改变。例如，Keskek 等（2014）认为分析师的预测时机很重要，相对于盈余公布时间越早的预测对投资者越有利，根据本书第 5 章和第 6 章的分析，分析师具有向下修正先前预测的倾向，这是因为分析师预测普遍存在乐观性倾向，那么，是否分析师发布的预测信息越早，越具有乐观倾向，也越有可能导致后来的预测存在向下修正的趋势？这些混合作用的存在，会对分析师预测行为与权益资本成本之间的关系产生怎样的影响呢？这也仍然是有待检验的问题。

参考文献

ACKERT L F, ATHANASSAKOS G, 1997. Prior uncertainty, analyst bias, and subsequent abnormal returns [J]. Journal of financial research, 20 (2): 263-273.

ADMATI A R, 1985. A noisy rational expectations equilibrium for multi-asset securities markets [J]. Econometrica: journal of the econometric society, 1985, 53 (3): 629-657.

AGRAWAL A, CHEN M A, 2012. Analyst conflicts and research quality [J]. The quarterly journal of finance, 2 (2): 1-40.

AITKEN M, FRINO A, WINN R, 1996. Consensus analysts' earnings forecasts and security returns [J]. Asia pacific journal of management, 13 (2): 101-110.

AMIHUD Y, MENDELSON, H, 1986. Asset pricing and the bid-ask spread [J]. Journal of financial economics, 17 (2): 223-249.

AMIR E, LEV B, SOUGIANNIS T, 2003. Do financial analysts get intangibles? [J]. European accounting review, 12 (4): 635-659.

AMIR E, LEV B, SOUGIANNIS T, 1999. What value analysts? [R]. SSRN working paper.

ASHBAUGH-SKAIFE H, COLLINS D W, LAFOND R, 2006. The effects of corporate governance on firms' credit ratings [J]. Journal of accounting and economics, 42 (1): 203-243.

ATHANASSAKOS G, KALIMIPALLI M, 2003. Analyst forecast dispersion and future stock return volatility [J]. Quarterly journal of business and economics, 42 (1/2): 57-78.

AVRAMOV D, CHORDIA T, JOSTOVA G, ET AL., 2009. Dispersion in analysts' earnings forecasts and credit rating [J]. Journal of financial economics, 91 (1): 83-101.

BAGINSKI S P, HASSELL J M, 1990. The market interpretation of management earnings forecasts as a predictor of subsequent financial analyst forecast revision [J]. Accounting Review, 65 (1): 175-190.

BANERJEE S, 2011. Learning from Prices and the Dispersion in Beliefs [J]. Review of financial studies, 24 (9): 3025-3068.

BANZ R. W, 1981. The relationship between return and market value of common stocks [J]. Journal of financial economics, 9 (1): 3-18.

BAOQIANG Z, CHONG WU, 2024. Star power: A quasi-natural experiment on how analyst status affects recommendation performance [J], Finance research letters, 59, 104792.

BARRON O E, KIM O, LIM S C, et al., 1998. Using analysts' forecasts to measure properties of analysts' information environment [J]. Accounting review, 73 (4): 421-433.

BARRY C B, BROWN S J, 1985. Differential information and security market equilibrium [J]. Journal of financial and quantitative analysis, 20 (4): 407-422.

BERK J B, 1995. A critique of size-related anomalies [J]. Review of financial studies, 8 (2): 275-286.

BERRY M A, BURMEISTER E, MCELROY M B, 1988. Sorting out risks using known APT factors [J]. Financial analysts journal, 44 (2): 29-42.

BEYER A, 2008. Financial analysts' forecast revisions and managers' reporting behavior [J]. Journal of accounting and economics, 46 (2): 334-348.

BLUME M E, FRIEND I, 1973. A new look at the capital asset pricing model

[J]. The journal of finance, 28 (1): 19-34.

BOTOSAN C A, 1997. Disclosure level and the cost of equity capital [J]. Accounting review, 72 (3): 323-349.

BOTOSAN C A, PLUMLEE M A, 2002. A re-examination of disclosure level and the expected cost of equity capital [J]. Journal of accounting research, 40 (1): 21-40.

BOTOSAN C A, PLUMLEE M A, 2005. Assessing alternative proxies for the expected risk premium [J]. The accounting review, 80 (1): 21-53.

BOUBAKRI N, GUEDHAMI O, MISHRA D, et al., 2012. Political connections and the cost of equity capital [J]. Journal of corporate finance, 18 (3): 541-559.

BOWEN R M, CHEN X, CHENG Q, 2008. Analyst coverage and the cost of raising equity capital: Evidence from underpricing of seasoned equity offerings * [J]. Contemporary accounting research, 25 (3): 657-700.

BOWEN R M, DAVIS A K, MATSUMOTO D A, 2002. Do conference calls affect analysts' forecasts? [J]. The Accounting Review, 77 (2): 285-316.

BRADSHAW M T, 2004. How do analysts use their earnings forecasts in generating stock recommendations? [J]. The Accounting Review, 79 (1): 25-50.

BRENNAN M J, SUBRAHMANYAM A, 1995. Investment analysis and price formation in securities markets [J]. Journal of financial economics, 38 (3): 361-381.

BRENNAN M J, CHORDIA T, SUBRAHMANYAM A, 1998. Alternative factor specifications, security characteristics, and the cross-section of expected stock returns [J]. Journal of financial economics, 49 (3): 345-373.

BROWN L D, 2001. How important is past analyst forecast accuracy? [J]. Financial analysts journal, 57 (6): 44-49.

BURGSTAHLER D, EAMES M, 2006. Management of earnings and analysts' forecasts to achieve zero and small positive earnings surprises [J]. Journal of business finance & accounting, 33 (5-6): 633-652.

BURMEISTER E, MCELROY M B, 1988. Joint estimation of factor sensitivities and risk premia for the arbitrage pricing theory [J]. The journal of finance, 43 (3): 721-733.

CHAN H, CHAN A, 2006. Hameed, Stock price synchronicity and analyst coverage in emerging markets [J], Journal of financial economics, 80 (1) : 115-147.

CHAN L K, JEGADEESH N, LAKONISHOK J, 1996. Momentum strategies [J]. The journal of finance, 51 (5): 1681-1713.

CHEN K C, CHEN Z, WEI K J, 2009. Legal protection of investors, corporate governance, and the cost of equity capital [J]. Journal of corporate finance, 15 (3): 273-289.

CHEN K C, WEI K C, CHEN Z, 2003. Disclosure, corporate governance, and the cost of equity capital: evidence from Asia's emerging markets [R]. SSRN working paper.

CHEN N F, ROLL R, ROSS S A, 1986. Economic forces and the stock market [J]. Journal of business, 59 (3): 383-403.

CHEN S, MATSUMOTO D A, 2006. favorable versus unfavorable recommendations: The impact on analyst access to management-provided information [J]. Journal of accounting research, 44 (4): 657-689.

CHEN X, CHENG Q, LO K, 2010. On the relationship between analyst reports and corporate disclosures: Exploring the roles of information discovery and interpretation [J]. Journal of accounting and economics, 49 (3): 206-226.

CHEN Z, HUANG Y, WEI K C, 2013. Executive pay disparity and the cost of equity capital [J]. Journal of financial and quantitative analysis, 48 (3): 849-885.

CHUNG K H, JO H, 1996. The impact of security analysts' monitoring and marketing functions on the market value of firms [J]. Journal of financial and quantitative analysis, 31 (4): 493-512.

CICCONE S, 2003. Does analyst optimism about future earnings distort stock prices? [J]. The journal of behavioral finance, 4 (2): 59-64.

CLARKSON P, GUEDES J, THOMPSON R, 1996. On the diversification, observability, and measurement of estimation risk [J]. Journal of financial and quantitative Analysis, 31 (1): 69-84.

CLAUS J, THOMAS J, 2001. Equity premia as low as three percent? evidence from analysts' earnings forecasts for domestic and international stock markets [J]. The journal of finance, 56 (5): 1629-1666.

CLEMENT M B, TSE S Y, 2005. Financial analyst characteristics and herding behavior in forecasting [J]. The journal of finance, 60 (1): 307-341.

COLES J L, LOEWENSTEIN U, SUAY J, 1995. On equilibrium pricing under parameter uncertainty [J]. Journal of financial and quantitative analysis, 30 (3): 347-364.

CORE J E, GUAY W R, RUSTICUS T O, 2006. Does weak governance cause weak stock returns? An examination of firm operating performance and investors' expectations [J]. The journal of finance, 61 (2): 655-687.

COVRIG V., LOW B S, 2005. The relevance of analysts' earnings forecasts in Japan [J]. Journal of business finance & accounting, 32 (7-8): 1437-1463.

DECHOW P M, HUTTON A P, SLOAN R G, 2000. The relation between analysts' forecasts of long-term earnings growth and stock price performance following equity offerings [J]. Contemporary accounting research, 17 (1): 1-32.

DEMIRGÜÇ-KUNT, A, MAKSIMOVIC V, 1998. Law, finance, and firm growth [J]. The journal of finance, 53 (6): 2107-2137.

DEVOS E, ONG S E, SPIELER A C, 2007. Analyst activity and firm value:

evidence from the REIT sector [J]. The journal of real estate finance and economics, 35 (3): 333-356.

DHALIWAL D S, LI, O Z, TSANG A, et al., 2011. Voluntary nonfinancial disclosure and the cost of equity capital: The initiation of corporate social responsibility reporting [J]. The accounting review, 86 (1): 59-100.

DHALIWAL D, KRULL L, LI O Z, et al., 2005. Dividend taxes and implied cost of equity capital [J]. Journal of accounting research, 43 (5): 675-708.

DIAMOND D W, 1985. Optimal release of information by firms [J]. The journal of finance, 40 (4): 1071-1094.

DIAMOND D W, VERRECCHIA R E, 1991. Disclosure, liquidity, and the cost of capital [J]. The journal of Finance, 46 (4): 1325-1359.

DIETHER K B, MALLOY C J, SCHERBINA A, 2002. Differences of opinion and the cross section of stock returns [J]. The journal of finance, 57 (5): 2113-2141.

DISCHE A, 2002. Dispersion in analyst forecasts and the profitability of earnings momentum strategies [J]. European financial management, 8 (2): 211-228.

DOUKAS J A, KIM C F, PANTZALIS C, 2006. Divergence of opinion and equity returns [J]. Journal of financial and quantitative analysis, 41 (3): 573-606.

DUGAR A, NATHAN S, 1995. The effect of investment banking relationships on financial analysts' earnings forecasts and investment recommendations [J]. Contemporary accounting research, 12 (1): 131-160.

EAMES M, GLOVER S M, KENNEDY J, 2002. The association between trading recommendations and broker-analysts' earnings forecasts [J]. Journal of accounting research, 40 (1): 85-104.

EASLEY D, O'HARA M, 2004. Information and the cost of capital [J]. The journal of finance, 59 (4): 1553-1583.

EASTERWOOD J C, NUTT S R, 1999. Inefficiency in analysts' earnings forecasts: Systematic misreaction or systematic optimism? [J]. The journal of finance, 54 (5): 1777-1797.

EASTON P D, 2004. PE ratios, PEG ratios, and estimating the implied expected rate of return on equity capital [J]. The accounting review, 79 (1): 73-95.

EASTON P D, MONAHAN S J, 2005. An evaluation of accounting-based measures of expected returns [J]. The accounting review, 80 (2): 501-538.

EASTON P D, SOMMERS G A, 2007. Effect of analysts' optimism on estimates of the expected rate of return implied by earnings forecasts [J]. Journal of accounting research, 45 (5): 983-1015.

ELTON E J, 1999. Presidential address: expected return, realized return, and asset pricing tests [J]. The journal of finance, 54 (4): 1199-1220.

ELTON E J, GRUBER M J, GULTEKIN M, 1981. Expectations and share prices [J]. Management science, 27 (9): 975-987.

ERB C B, HARVEY C R, VISKANTA T E, 1996. Expected returns and volatility in 135 countries [R]. SSRN working paper.

ERRUNZA V R, MILLER D P, 2000. Market segmentation and the cost of the capital in international equity markets [J]. Journal of financial and quantitative analysis, 35 (4): 577-600.

ERTIMUR Y, MUSLU V, ZHANG F, 2011. Why are recommendations optimistic? Evidence from analysts' coverage initiations [J]. Review of accounting studies, 16 (4): 679-718.

FAMA E F, FRENCH K R, 1993. Common risk factors in the returns on stocks and bonds [J]. Journal of financial economics, 33 (1): 3-56.

FAMA E F, FRENCH, K R, 1997. Industry costs of equity [J]. Journal of financial economics, 43 (2): 153-193.

FAMA E F, FRENCH K R, 2004. The capital asset pricing model: Theory and evidence [J]. Journal of economic perspectives, 18 (3): 25-46.

FAMA E F, MACBETH J D, 1973. Risk, return, and equilibrium: Empirical tests [J]. The journal of political economy, 81 (3): 607-636.

FIRTH M, LIN C, LIU P, et al., 2013. The client is king: Do mutual fund relationships bias analyst recommendations? [J]. Journal of accounting research, 51 (1): 165-200.

FOERSTER S R, KAROLYI G A, 1999. The effects of market segmentation and investor recognition on asset prices: evidence from foreign stocks listing in the United States [J]. The journal of finance, 54 (3): 981-1013.

FRANCIS J, NANDA D, OLSSON P, 2008. Voluntary disclosure, earnings quality, and cost of capital [J]. Journal of accounting research, 46 (1): 53-99.

FRANKEL R, LI X, 2004. Characteristics of a firm's information environment and the information asymmetry between insiders and outsiders [J]. Journal of accounting and economics, 37 (2): 229-259.

GEBHARDT W R, LEE C, SWAMINATHAN B, 2001. Toward an implied cost of capital [J]. Journal of accounting research, 39 (1): 135-176.

GIETZMANN M, IRELAND J, 2005. Cost of capital, strategic disclosures and accounting choice [J]. Journal of business finance & accounting, 32 (3-4): 599-634.

GILSON S, HEALY, P, NOE C, et al., 2000. Conglomerate stock breakups and analyst specialization [R]. Working Paper, Harvard Business School, Boston, MA. 2000.

GIVOLY D, LAKONISHOK J, 1979. The information content of financial analysts' forecasts of earnings: some evidence on semi-strong inefficiency [J]. Journal of accounting and economics, 1 (3): 165-185.

GLEASON C A, LEE C M, 2003. Analyst forecast revisions and market price discovery [J]. The accounting review, 78 (1): 193-225.

GODE D, MOHANRAM P, 2003. Inferring the cost of capital using the Ohlson –Juettner model [J]. Review of accounting studies, 8 (4): 399-431.

GOMPERS P A, ISHII J L, METRICK A, 2003. Corporate governance and equity prices [J]. Quarterly journal of economics, 118 (1): 107-155.

GORDON J R, GORDON M J, 1997. The finite horizon expected return model [J]. Financial analysts journal, 53 (3): 52-61.

GU Z, LI Z, YANG Y G, et al., 2019. Friends in Need Are Friends Indeed: An Analysis of Social Ties between Financial Analysts and Mutual Fund Managers [J]. Accounting review, 94 (1): 153-181.

GUAY W, KOTHARI S P, SHU S, 2011. Properties of implied cost of capital using analysts' forecasts [J]. Australian journal of management, 36 (2): 125-149.

HAIL L, LEUZ C, 2006. International differences in the cost of equity capital: Do legal institutions and securities regulation matter? [J]. Journal of accounting research, 44 (3): 485-531.

HE W P, LEPONE A, LEUNG H, 2013. Information asymmetry and the cost of equity capital [J]. International review of economics & finance, (27): 611-620.

HEALY P M, PALEPU K G, 2001. Information asymmetry, corporate disclosure, and the capital markets: A review of the empirical disclosure literature [J]. Journal of accounting and economics, 31 (1): 405-440.

HEALY P M, HUTTON A P, PALEPU K G, 1999. Stock performance and intermediation changes surrounding sustained increases in disclosure [J]. Contemporary accounting research, 16 (3): 485-520.

HIMMELBERG C P, HUBBARD R G, LOVE I, 2000. Investment, protection, ownership, and the cost of capital [R]. SSRN working paper.

HOLLAND J, JOHANSON U, 2003. Value-relevant information on corporate intangibles-creation, use, and barriers in capital markets- "between a rock and a hard place" [J]. Journal of intellectual capital, 4 (4): 465-486.

HONG H, KUBIK J D, 2003. Analyzing the analysts: career concerns and biased earnings forecasts [J]. The journal of finance, 58 (1): 313-351.

HUANG Y, ZHANG G, 2011. The informativeness of analyst forecast revisions and the valuation of R&D-intensive firms [J]. Journal of accounting and public policy, 30 (1): 1-21.

HUGHES J S, LIU J, LIU J, 2007. Information asymmetry, diversification, and cost of capital [J]. The accounting review, 82 (3): 705-729.

IMHOFF E A, LOBO G J, 1984. Information content of analysts' composite forecast revisions [J]. Journal of accounting research, 22 (2): 541-554.

IVKOVIC, Z, JEGADEESH, N, 2004. The timing and value of forecast and recommendation revisions [J]. Journal of financial economics, 73 (3): 433-463.

JACKSON A R, 2005. Trade generation, reputation, and sell-side analysts [J]. The journal of finance, 60 (2): 673-717.

JACOB J, LYS T Z, NEALE M A, 1999. Expertise in forecasting performance of security analysts [J]. Journal of accounting and economics, 28 (1): 51-82.

JENSEN M C, MECKLING W H, 1976. Theory of the firm: Managerial behavior, agency costs, and ownership structure [J]. Journal of financial economics, 3 (4): 305-360.

JOHNSON T C, 2004. Forecast dispersion and the cross section of expected returns [J]. The journal of finance, 59 (5): 1957-1978.

JOOS P, LANG, M, 1994. The effects of accounting diversity: evidence from the European Union [J]. Journal of accounting research, 32, 141-168.

JUN HU, WENBIN L, LE L, et al., 2021. Share pledging and optimism in analyst earnings forecasts: evidence from China [J]. Journal of banking & finance, (132): 106245.

KASZNIK R, MCNICHOLS M F, 2002. Does meeting earnings expectations matter? Evidence from analyst forecast revisions and share prices [J]. Journal of accounting research, 40 (3): 727-759.

KESKEK S, TSE S, TUCKER J W, 2014. Analyst information production and the timing of annual earnings forecasts [J]. Review of accounting studies, 19 (4): 1504-1531.

LAM S S, DU J, 2004. Information asymmetry and estimation risk: Preliminary evidence from Chinese equity markets [J]. Pacific-basin finance journal, 12 (3): 311-331.

LAMBERT, R, LEUZ C, VERRECCHIA R E, 2007. Accounting information, disclosure, and the cost of capital [J]. Journal of accounting research, 45 (2): 385-420.

LANG M H, LINS K V, MILLER D P, 2004. Concentrated control, analyst following, and valuation: Do analysts matter most when investors are protected least? [J]. Journal of Accounting research, 42 (3): 589-623.

LAROCQUE S, 2013. Analysts' earnings forecast errors and cost of equity capital estimates [J]. Review of accounting studies, 18 (1): 135-166.

LEHAVY R, LI F, MERKLEY K, 2011. The effect of annual report readability on analyst following and the properties of their earnings forecasts [J]. The accounting review, 86 (3): 1087-1115.

LEUZ C, VERRECCHIA R E, 2000. The Economic Consequences of Increased Disclosure (Digest Summary) [J]. Journal of accounting research (38): 91-124.

LI E X, 2010. Does corporate governance affect the cost of equity capital? [R]. SSRN working paper.

LIN B, YANG R, 2006. The effect of repeat restructuring charges on analysts' forecast revisions and accuracy [J]. Review of quantitative finance and Accounting, 27 (3): 267-283.

LIN H W, MCNICHOLS M F, 1998. Underwriting relationships, analysts' earnings forecasts and investment recommendations [J]. Journal of accounting and economics, 25 (1): 101-127.

LINTNER J, 1965. Security prices, risk, and maximal gains from diversification [J]. The journal of finance, 20 (4): 587-615.

LIVNAT J, ZHANG Y, 2012. Information interpretation or information discovery: which role of analysts do investors value more? [J]. Review of accounting studies, 17 (3): 612-641.

LJUNGQVIST A, MARSTON F, STARKS L T, et al., 2007. Conflicts of interest in sell-side research and the moderating role of institutional investors [J]. Journal of financial economics, 85 (2): 420-456.

LOUGHRAN T, MCDONALD B, 2014. Measuring readability in financial disclosures [J]. The journal of finance, 69 (4): 1643-1671.

LYS T, SOHN S, 1990. The association between revisions of financial analysts' earnings forecasts and security-price changes [J]. Journal of accounting and economics, 13 (4): 341-363.

MATSUMOTO D A, 2002. Management's incentives to avoid negative earnings surprises [J]. The accounting review, 77 (3): 483-514.

MAYEW W J, 2008. Evidence of management discrimination among analysts during earnings conference calls [J]. Journal of accounting research, 46 (3): 627-659.

MCINNIS J, 2010. Earnings smoothness, average returns, and implied cost of equity capital [J]. The accounting review, 85 (1): 315-341.

MCNICHOLS M, O'BRIEN P C, 1997. Self-selection and analyst coverage [J]. Journal of accounting research, (35): 167-199.

MERTON R C, 1987. A simple model of capital market equilibrium with incomplete information [J]. The journal of finance, 42 (3): 483-510.

MICHAELY R, WOMACK K L, 1999. Conflict of interest and the credibility of underwriter analyst recommendations [J]. Review of financial studies, 12 (4): 653-686.

MILLER E M, 1977. Risk, uncertainty, and divergence of opinion [J]. The journal of finance, 32 (4): 1151-1168.

MOLA S, GUIDOLIN M, 2009. Affiliated mutual funds and analyst optimism [J]. Journal of financial economics, 93 (1): 108-137.

Morgan J, Stocken P C, 2003. An analysis of stock recommendations [J]. RAND journal of economics, 34 (1): 183-203.

MOSSIN, J, 1966. Equilibrium in a capital asset market [J]. Econometrica: journal of the econometric society, 34 (4): 768-783.

O'BRIEN P C, 1988. Analysts' forecasts as earnings expectations [J]. Journal of accounting and economics, 10 (1): 53-83.

O'BRIEN P C, MCNICHOLS M F, HSIOU-WEI, L, 2005. Analyst impartiality and investment banking relationships [J]. Journal of accounting research, 43 (4): 623-650.

OHLSON J A, JUETTNER-NAUROTH B E, 2005. Expected EPS and EPS growth as determinantsof value [J]. Review of accounting studies, 10 (2-3): 349-365.

OYA A, ROBERT S H, LIYU Y. Can analysts pick stocks for the long-run? [J] Journal of financial economics, 119 (2): 371-398.

RICHARDSON A J, WELKER, M, 2001. Social disclosure, financial disclosure and the cost of equity capital [J]. Accounting, organizations and society, 26 (7): 597-616.

RICHARDSON S, TEOH S H, WYSOCKI P D, 2004. The Walk-down to beatable analyst forecasts: The role of equity Issuance and insider trading incentives [J]. Contemporary accounting research, 21 (4): 885-924.

ROBERT S, 2015. Hansen, What is the value of sell-side analysts? Evidence from coverage changes-A discussion [J], Journal of accounting and economics, 60 (2-3) 58-64,

ROSS, S A, 1976. The arbitrage theory of capital asset pricing [J]. Journal of economic theory, 13 (3): 341-360.

SADKA R, SCHERBINA A, 2007. Analyst Disagreement, Mispricing, and Liquidity [J]. The journal of finance, 62 (5): 2367-2403.

SHARPE W F, 1964. Capital asset prices: A theory of market equilibrium under conditions of risk [J]. The journal of finance, 19 (3): 425-442.

STICKEL S E, 1991. Common stock returns surrounding earnings forecast revisions: More puzzling evidence [J]. Accounting review, 66 (2): 402-416.

STICKEL S E, 1990. Predicting individual analyst earnings forecasts [J]. Journal of accounting research, 28 (2): 409-417.

TRUEMAN B, 1996. The impact of analyst following on stock prices and the implications for firms' disclosure policies [J]. Journal of accounting, auditing & finance, 11 (3): 333-354.

WELKER M, 1995. Disclosure Policy, Information Asymmetry, and Liquidity in Equity Markets [J]. Contemporary accounting research, 11 (2): 801-827.

XU N, CHAN K C, JIANG X, et al., 2013. Do star analysts know more firm-specific information? Evidence from China [J]. Journal of banking & finance, 37 (1): 89-102.

XU N, JIANG X, CHAN K C, et al., 2013. Analyst coverage, optimism, and stock price crash risk: Evidence from China [J]. Pacific-basin finance journal, 25, 217-239.

YEZEGEL A, 2015. Why Do Analysts Revise Their Stock Recommendations after earnings announcements [J]. Journal of accounting and economics, 59 (2-3): 63-181.

ZHANG G, 2001. Private Information Production, Public Disclosure, and the

Cost of Capital：Theory and Implications＊［J］. Contemporary accounting research，18（2）：363-384.

ZHANG X F，2006. Information uncertainty and analyst forecast behavior［J］. Contemporary accounting research，23（2）：565-590.

白晓宇，2009. 上市公司信息披露政策对分析师预测的多重影响研究［J］. 金融研究（4）：92-112.

曹新伟，洪剑峭，贾琬娇，2015. 分析师实地调研与资本市场信息效率：基于股价同步性的研究［J］. 经济管理，37（8）：141-150.

曾颖，陆正飞，2006. 信息披露质量与股权融资成本［J］. 经济研究（2）：69-79.

陈浪南，屈文洲，2000. 资本资产定价模型的实证研究［J］. 经济研究（4）：26-34.

陈露兰，王昱升，2014. 证券分析师跟踪与企业社会责任信息披露：基于中国资本市场的研究［J］. 宏观经济研究（5）：107-116.

陈信元，张田余，陈冬华，2001. 预期股票收益的横截面多因素分析：来自中国证券市场的经验证据［J］. 金融研究，6（22）：2.

杜亚飞，杨广青，陈书涵，2023. 经营分部信息披露对权益资本成本的影响：基于分析师关注视角［J］. 审计与经济研究，38（1）：61-74.

方先明，汤泓，2016. 股票分析师报告有效吗［J］?. 中国经济问题（5）：110-124.

高晓锐，2024.ESG 责任观念、企业盈余管理行为与分析师盈余预测质量［J］. 中国集体经济（8）：74-77.

公言磊，2010. 公司因素对财务分析师盈余预测特性影响的实证研究［J］. 财经问题研究（3）：72-78.

郭洪，何丹，2010. 基于剩余收益价值模型的权益资本成本计量及其运用［J］. 管理世界（1）：183-185.

郭杰，洪洁瑛，2009. 中国证券分析师的盈余预测行为有效性研究［J］. 经济研究（11）：55-67.

何德旭，夏范社，2024. 明星分析师关注、企业投资行为与公司价值 [J].
金融经济学研究，39 (1)：112-125.

胡玮佳，韩丽荣，2020. 分析师关注降低上市公司的会计信息风险了吗?：
来自中国 A 股上市公司的经验证据 [J]. 管理评论，32 (4)：219-230.

姜付秀，陆正飞，2006. 多元化与资本成本的关系：来自中国股票市场的
证据 [J]. 会计研究 (6)：48-55.

蒋先玲，吕东锴，张婷，2012. 春节文化，一月价值溢价效应与投资者非理
性投资 [J]. 财贸经济 (7)：56-62.

蒋琰，陆正飞，2009. 公司治理与股权融资成本：单一与综合机制的治理
效应研究 [J]. 数量经济技术经济研究 (2)：60-75.

蒋琰，2009. 权益成本，债务成本与公司治理：影响差异性研究 [J]. 管理
世界 (11)：144-155.

寇宗来，千茜倩，2021. 私有信息、评级偏差和中国评级机构的市场声誉
[J]. 金融研究 (6)：114-132.

李明毅，惠晓峰，2008. 上市公司信息披露与资本成本：来自中国证券市
场的经验证据 [J]. 管理学报，5 (1)：88-127.

李双燕，2016. 中国在美上市企业的盈利表现受国际分析师关注度的影响
吗? [J]. 管理评论，28 (6)：42-51.

林兢，林胜蓝，林丽花，2020. 分析师关注、内部控制和信息披露质量
[J]. 福州大学学报 (哲学社会科学版)，34 (6)：31-38.

林钟高，朱杨阳，2021. 信息披露监管模式变更影响分析师预测行为吗?：
基于分析师预测准确度与分歧度的视角 [J]. 会计与经济研究，35
(5)：62-78.

陆磊，刘思峰，2008. 中国股票市场具有"节日效应"吗? [J]. 金融研究
(2)：127-139.

陆正飞，叶康涛，2004. 中国上市公司股权融资偏好解析 [J]. 经济研究
(4)：50-59.

毛新述，叶康涛，张頔，2012. 上市公司权益资本成本的测度与评份：基

于我国证券市场的经验检验 [J]. 会计研究 (11)：12-22.

沈红波，2007. 市场分割，跨境上市与预期资金成本：来自 Ohlson—Juett-
　　ner 模型的经验证据 [J]. 金融研究 (2)：146-155.

沈洪涛，游家兴，刘江宏，2010. 再融资环保核查，环境信息披露与权益
　　资本成本 [J]. 金融研究 (12)：159-172.

沈艺峰，肖珉，黄娟娟，2005. 中小投资者法律保护与公司权益资本成本
　　[J]. 经济研究 (6)：115-124.

苏冬蔚，麦元勋，2004. 流动性与资产定价：基于我国股市资产换手率与
　　预期收益的实证研究 [J]. 经济研究 (2)：95-105.

苏忠秦，沈中华，黄登仕，2012. 政治关联，终极控制人性质与权益资本成
　　本 [J]. 南方经济 (30)：74-87.

汪弘，罗党论，林东杰，2013. 行业分析师的研究报告对投资决策有用
　　吗？：来自中国 A 股上市公司的经验证据 [J]. 证券市场导报 (7)：36-
　　43.

汪炜，蒋高峰，2004. 信息披露，透明度与资本成本 [J]. 经济研究 (7)：
　　107-114.

王攀娜，徐博韬，2017. 社会责任信息、分析师关注度与公司股票流动性
　　[J]. 财经科学 (6)：47-57.

王性玉，康峰卓，2021. 分析师跟踪与 CSR 信息披露印象管理 [J]. 财会
　　月刊 (14)：74-81.

吴东辉，薛祖云，2005. 对中国 A 股市场上财务分析师盈利预测的实证分
　　析 [J]. 中国会计与财务研究，7 (1)：1-53.

吴武清，揭晓小，苏子豪，2017. 信息不透明、深度跟踪分析师和市场反
　　应 [J]. 管理评论，29 (11)：171-182，195.

伍燕然，江婕，谢楠，等，2016. 公司治理、信息披露、投资者情绪与分
　　析师盈利预测偏差 [J]. 世界经济，39 (2)：100-119.

肖斌卿，伊晓奕，刘海飞，2010. 分析师跟进行为对上市公司资本成本的
　　影响：来自中国证券市场的经验证据 [J]. 南京师大学报：社会科学版

（5）：42-51.

肖萌，朱宏泉，2011. 分析师一致评级变化在市场和行业层面的信息含量 [J]. 证券市场导报（4）：67-72.

肖珉，沈艺峰，2008. 跨地上市公司具有较低的权益资本成本吗？：基于"法与金融"的视角 [J]. 金融研究（10）：93-103.

肖珉，2008. 法的建立，法的实施与权益资本成本 [J]. 中国工业经济（3）：40-48.

肖作平，2011. 论权益资本成本的度量模型 [J]. 财政研究（8）：69-72.

徐浩萍，吕长江，2007. 政府角色，所有权性质与权益资本成本 [J]. 会计研究（6）：61-67.

徐寿福，徐龙炳，2015. 信息披露质量与资本市场估值偏误 [J]. 会计研究（1）：40-47，96.

杨大楷，王佳妮，2012. 证券分析师可信度与胜任能力：一个文献述评 [J]. 上海金融（3）：43-50.

姚禄仕，颜磊，2017. 企业声誉和券商声誉对分析师预测准确度的影响研究 [J]. 会计之友（9）：59-64.

叶康涛，陆正飞，2004. 中国上市公司股权融资成本影响因素分析 [J]. 管理世界（5）：127-131.

张兵，2005. 中国股市日历效应研究：基于滚动样本检验的方法 [J]. 金融研究（7）：33-44.

张烨宇，于天娇，姜志晔，2023. 券商和上市公司同地关联与分析师乐观偏差 [J]. 金融论坛，28（6）：58-69.

赵良玉，李增泉，刘军霞，2013. 管理层偏好、投资评级乐观性与私有信息获取 [J]. 管理世界（4）：33-45，187-188.

支晓强，何天芮，2010. 信息披露质量与权益资本成本 [J]. 中国软科学（12）：125-131.